# LEARN NEPALI YES-PAA-LI

PHRASEBOOK

JACKSON BENNETT

© **Copyright 2023 - All rights reserved**.

The content contained within this book may not be reproduced, duplicated or transmitted without direct written permission from the author or the publisher.

Under no circumstances will any blame or legal responsibility be held against the publisher, or author, for any damages, reparation, or monetary loss due to the information contained within this book, either directly or indirectly.

**Legal Notice:**

This book is copyright protected. It is only for personal use. You cannot amend, distribute, sell, use, quote or paraphrase any part, or the content within this book, without the consent of the author or publisher.

**Disclaimer Notice:**

Please note the information contained within this document is for educational and entertainment purposes only. All effort has been executed to present accurate, up to date, reliable, complete information. No warranties of any kind are declared or implied. Readers acknowledge that the author is not engaged in the rendering of legal, financial, medical or professional advice. The content within this book has been derived from various sources. Please consult a licensed professional before attempting any techniques outlined in this book.

By reading this document, the reader agrees that under no circumstances is the author responsible for any losses, direct or indirect, that are incurred as a result of the use of the information contained within this document, including, but not limited to, errors, omissions, or inaccuracies.

## ❖Table of Contents

**Introduction** ............................................................. 1
   *Structure Of The Book* ................................................. 4

**Sounds in Nepali** ..................................................... 7
   *Consonants* ................................................................ 7
   *Vowels (Independent)* ............................................. 11
   *Vowels (Dependent)* ............................................... 12

**Greetings/Introducing** ........................................ 13
   *Practice 1: Greetings/Introducing* ......................... 23

**Expressions** ............................................................ 27
   *Practice 2: Expressions* ........................................... 45

**Time** ........................................................................ 49
   *Practice 3: Time* ...................................................... 56

**Requests/Commands** .......................................... 61
   *Practice 4: Requests/Commands* ......................... 71

**Thankful/Grateful/Praiseful** ............................. 75
   *Practice 5: Thankful/Grateful/Praiseful* ................ 83

**Apologizing/Misunderstanding/Confusion** ..... 87
   *Practice 6: Apologizing/Misunderstanding/Confusion*
................................................................................ 96

**Danger/Difficult Situations** ............................. 99
   *Practice 7: Danger/Difficult Situations* ................ 112

**Hospitals..................................................117**
   *Practice 8: Hospitals................................136*

**Transportation......................................141**
   *Practice 9: Transportation......................153*

**Restaurants...........................................157**
   *Practice 10: Restaurants.........................165*

**Hotels......................................................171**
   *Practice 11: Hotels..................................176*

**Trekking.................................................181**
   *Practice 12: Trekking..............................189*

**Common Daily Phrases......................193**
**Vocabulary and Extras.......................209**
   *Direction- दिशा (Di-saa)...........................209*

   *Weather- मौसम (Maou-sam).....................210*

   *Seasons- ऋतुहरु (Ri-tu-ha-ru)..................211*

   *Relation- सम्बन्ध (Sam-ban-dha)..............212*

   *Occupation- पेशा (Pe- saa)......................214*

   *Food Related Names- खाना सम्बन्धित नामहरु (Kha-naa sam-ban-dit naam-haru)...........................220*

   *Taste- स्वाद (Swad)..................................223*

   *Household Useful Terms- घरायसी उपयोगी शब्दहरु (Gha-raa-ye-si upa-yo-gi sab-da-ha-ru).....................223*

*Clothes Names-* लुगाहरुको नाम *(Lu-gaa-ha-ru-ko naam)* .................................................................229

*Ornament-* गहना *(Ga-ha-naa)*...............230

*Colors-* रंगहरु *(Rung-ha-ru)*...................231

*Body Parts-* शरीरका अंगहरु *(Sa-rir-kaa ang-ga-ha-ru)* .................................................................233

*Animals-* जनावरहरु *(Ja-na-war-ha-ru)*.....................235

*Days Of The Week-* हप्ताको दिनहरु *(Hap-taa-ko din-ha-ru)*................................................................238

*Months-* महिनाहरु *(Ma-hi-naa-ha-ru)*.....................239

*Time Related Words-* समय सम्बन्धित शब्दहरु *(Sa-ma-ye sum-bun-dit sab-da-ha-ru)*........................................240

*Numbers-* संख्याहरु *(Sang-kya-ha-ru)*.....................243

*Other Number-Related Terms-*.............................250

*Extras*..................................................................251

*List Of Pronouns*..................................................259

*Pronouns that you can make plurals using* हरु *(ha-ru)* .................................................................264

# Conclusion..................................................265
# References..................................................266

"Believe you can and you're halfway there."
Theodore Roosevelt

## **A special gift to our readers**

An e-book is included for you to take this phrasebook anywhere you like.

Please scan the QR Code.

Or

Visit:

https://drive.google.com/file/d/
1495_geIoWRImNPJHJCY9R00ss0eKT8Nf/view?
usp=share_link

# Introduction

Namaste! Welcome to the Nepali phrasebook. This book was created to help travellers communicate effectively during their stay in Nepal. I understand that language barriers can be frustrating and limit your experiences, so I have compiled a comprehensive list of common phrases and expressions to help you navigate this beautiful country.

The phrasebook covers many topics, including greetings, directions, transportation, food, accommodations, and more. I have also broken down words for each phrase to ensure you can speak confidently and clearly.

I wrote this book because language should never be a barrier to exploring and experiencing new cultures.

## INTRODUCTION

Learning a few basic phrases lets you connect with locals, make new friends, and create unforgettable memories.

This Nepali phrasebook is the best choice for travellers because it is easy to use, comprehensive, and accurate. I've worked diligently to ensure that every phrase is translated correctly and presented in a way that is easy to understand.

This Nepali phrasebook will enhance your trip to Nepal and help you create meaningful connections with the people you meet.

Consistency is the key to success! To make the most of this resource, I suggest setting aside just 20 minutes daily to practice and absorb the information.

If you find the book helpful, please leave a review on Amazon to share your thoughts with others by scanning the QR code below-

## INTRODUCTION

Your feedback will not only help others on their journey to mastering Nepali. Still, it will also support the creation of more helpful resources for language learners in the future.

Su-ru ga-raum- *let us begin*

## _Structure Of The Book_

The book layout is straightforward. You have an English phrase on top and a Nepali phrase on the bottom. You'll see Nepali phrases written in Nepalese form first and their pronunciations in brackets, with each Nepali word broken down with "-" for articulations and syllables.

### ***For example-***

English- Hello

Nepali- नमस्ते (Na-mas-te)

Na, mas and te= Namaste

In addition, practice sections are located at the end of each topic for you to attempt using varying words in sentences.

## STRUCTURE OF THE BOOK

### *For example-*

English- What is your <u>name</u>?

Nepali- तपाईको <u>नाम</u> के हो? (Ta-pai-ko <u>naam</u> ke ho?)

| English- | Name | Address | Phone number |
|---|---|---|---|
| Nepali- | नाम (Naam) | ठेगाना (Tay-gaa-naa) | फोन नम्बर (Phone num-ber) |

English- What is your <u>address</u>?

Nepali- तपाईको <u>ठेगाना</u> के हो? (Ta-pai-ko <u>tay-gaa-naa</u> ke ho?)

| English- | Name | Address | Phone number |
|---|---|---|---|
| Nepali- | नाम (Naam) | ठेगाना (Tay-gaa-naa) | फोन नम्बर (Phone num-ber) |

## STRUCTURE OF THE BOOK

English- What is your <u>phone number</u>?

Nepali- तपाईको <u>फोन नम्बर</u> के हो? (Ta-pai-ko <u>phone number</u> ke ho?)

| English- | Name | Address | Phone number |
|---|---|---|---|
| Nepali- | नाम (Naam) | ठेगाना (Tay-gaa-naa) | फोन नम्बर (Phone num-ber) |

# Sounds in Nepali

## *Consonants*

| | | | | |
|---|---|---|---|---|
| क (ka) | ख (kha) | ग (ga) | घ (gha) | ङ (nga) |
| च (cha) | छ (chha) | ज (ja) | झ (jha) | ञ (Ya) |
| ट (ta) | ठ (tah) | ड (da) | ढ (dha) | ण (ana) |
| त (ta) | थ (tha) | द (da) | ध (dha) | न (na) |
| प (pa) | फ (pha) | ब (ba) | भ (vha) | म (ma) |
| य (ya) | र (ra) | ल (la) | व (wa) | श (sa) |
| ष (sa) | स (sa) | ह (ha) | | |
| क्ष (chhya) | त्र (tra) | ज्ञ (gya) | | |

## SOUNDS IN NEPALI

## *The following is a pronunciation guide for Nepali consonants.*

| |
|---|
| क (ka) - As the C in C<u>o</u>n |
| ख (kha)- As the Kha in <u>Kha</u>n |
| ग (ga)- As the Ga in <u>Ga</u>rbage |
| घ (gha)- As the Gha in <u>Gha</u>na |
| ङ (nga)- As the Nga in Bu<u>nga</u>low(In nasal sound) |
| च (cha)- As the Cha in <u>Ch</u>op |
| छ (chha)- As the Cha in <u>Cha</u>rles |
| ज (ja)- As the Ja in <u>Ja</u>w |
| झ (jha)- As the Jha in <u>Jha</u>nvi |
| ञ (ya)- As the Ya in <u>Ya</u>wn (In nasal sound; When it comes to the words, we sound as the Na in <u>Nu</u>mber) |
| ट (ta)- As the To in <u>To</u>p |
| ठ (tha)- As the Tha in <u>Tha</u>i |
| ड (da)- As the Du in <u>Du</u>mb |
| ढ (dha)- As the Dha in <u>Dha</u>ka |

## SOUNDS IN NEPALI

| |
|---|
| ण (ana)- As the Ano in A<u>no</u>ther (In nasal sound; When it comes to the words, we sound as the Na in <u>Nu</u>mber) |
| त (ta)- As the Th in <u>Th</u>ug |
| थ (tha)- As the Thu in <u>Thu</u>nder |
| द (da)- As the Du in <u>Du</u>nk |
| ध (dha)- As the Dha in <u>Dha</u>ran |
| न (na)- As the Nu in <u>Nu</u>n |
| प (pa)- As the Po in <u>Po</u>nd |
| फ (pha)- As the Fu in <u>Fu</u>n |
| ब (ba)- As the Ba in <u>Ba</u>ll |
| भ (vha)- As the Va in <u>Va</u>in |
| म (ma)- As the Mo in <u>Mo</u>ney |
| य (ya)- As the Ya in <u>Ya</u>wn |
| र (ra)- As the Ru in <u>Ru</u>n |
| ल (la)- As the La in <u>La</u>wn |
| व (wa)- As the Wo in <u>Wo</u>nder (This letter can sound as "ba" mostly if it's in the beginning of the word) |

## SOUNDS IN NEPALI

| |
|---|
| श (sa)- As the Su in <u>Su</u>nny (High tone) |
| ष (sa)- As the So in <u>So</u>ng (Flat tone) |
| स (sa)- As the So in <u>So</u>n (low tone) |
| ह (ha)- As the Ho in <u>Ho</u>llow |
| क्ष (chhya)- As the Cha in <u>Cha</u>nnel |
| त्र (tra)- As the Tru in <u>Tru</u>mpet |
| ज्ञ (gya)- As the Gya in <u>Ga</u>s |

## SOUNDS IN NEPALI

## *Vowels (Independent)*

| अ (a) | आ (aa) | इ (i) | ई (ii) | उ (u) |
|---|---|---|---|---|
| ऊ (uu) | ऋ (ri) | ए (e) | ऐ (ai) | ओ (o) |
| औ (au) | अं (am) | अः (ah) | | |

## **The following is a pronunciation guide for Nepali vowels.**

| |
|---|
| अ (a)- As the A in All |
| आ (aa)- As the A in Ask |
| इ (i)- As the I in Internet |
| ई (ii)- As the I in Indonesia |
| उ (u)- As the U in Ur |
| ऊ (uu)- As the uu in Uun |
| ऋ (ri)- As the Ri in Rid |
| ए (e)- As the E in Egg |
| ऐ (ai)- As the I in Ion |
| ओ (o)- As the O in Orange |

## SOUNDS IN NEPALI

| |
|---|
| औ (au)- As the Ou in <u>Ou</u>ch |
| अं (am,ang)- As the Um in <u>Um</u>brella and as the Ang in <u>Ang</u>ry in some words. |
| अः (ah)- As the A in <u>A</u>rnold |

## *Vowels (Dependent)*

| ाा (aa) | ि (i) | ी (ii) | ु (u) | ू (uu) |
|---|---|---|---|---|
| ृ /ॄ (ri) | े (e) | ै (ai) | ो (o) | ौ (au) |

Dependent vowels are combined with a consonant letter and do not stand alone.

### **Example-**

क (ka) + ि (I) = कि (Ki)

ल (la) + ो (o) = लो (Lo)

# Greetings/Introducing

| English- | Welcome |
|---|---|
| Nepali- | स्वागत छ (Swa-gat chha) |

| English- | Hello |
|---|---|
| Nepali- | नमस्ते (Na-mas-te) |

| English- | Good morning |
|---|---|
| Nepali- | शुभ प्रभात (Su-bha pra-bhat) |

| English- | Good evening |
|---|---|
| Nepali- | शुभ सन्ध्या (Su-bha san-dhyaa) |

## GREETINGS/INTRODUCING

| | |
|---|---|
| English- | Good night |
| Nepali- | शुभ रात्री (Su-bha rat-ri) |

| | |
|---|---|
| English- | How are you? |
| Nepali- | तिमीलाई कस्तो छ? (Ti-mi-lai kas-to chha?) |

| | |
|---|---|
| English- | I'm well and you? |
| Nepali- | मलाई सन्चो छ अनि तिमीलाई? (Ma-lai san-cho chha ani ti-mi-lai?) |

| | |
|---|---|
| English- | I'm well too. |
| Nepali- | मलाई पनि सन्चै छ। (Ma-lai pa-ni san-chai chha.) |

| | |
|---|---|
| English- | What is your name? |
| Nepali- | तिम्रो नाम के हो? (Tim-ro nam ke ho?) |

## GREETINGS/INTRODUCING

| | |
|---|---|
| English- | My name is David, and yours? |
| Nepali- | मेरो नाम डेभिड हो अनि तिम्रो? (Me-ro naam Da-vid ho ani tim-ro?) |

| | |
|---|---|
| English- | My name is Paul. |
| Nepali- | मेरो नाम चाहिँ पल हो।(Me-ro naam chai Paul ho.) |

| | |
|---|---|
| English- | Where do you live? |
| Nepali- | तिमी कता बस्छौ? (Ti-mi ka-ta bash-chhau?) |

| | |
|---|---|
| English- | I live in Kathmandu, and you? |
| Nepali- | म काठमाडौँमा बस्छु अनि तिमी? (Ma Kath-man-du maa bas-chhu ani ti-mi?) |

| | |
|---|---|
| English- | I live in Pokhara. |
| Nepali- | म चाहिँ पोखरामा बस्छु।(Ma chai Po-kha-ra maa bas-chhu.) |

## GREETINGS/INTRODUCING

| | |
|---|---|
| English- | For what reason did you come to Kathmandu? |
| Nepali- | तिमी के कारणले काठमाडौँ आको? (Ti-mi ke kaa-ran lay Kath-man-du aa-ko?) |

| | |
|---|---|
| English- | I came to Kathmandu to meet a friend. |
| Nepali- | म मेरो साथीलाई भेट्न भनेर काठमाडौँ आको। (Ma me-ro sathi-lai bhet-na bha-nera Kath-man-du aa-ko.) |

| | |
|---|---|
| English- | How old are you? |
| Nepali- | तिमी कति वर्ष हो? (Ti-mi ka-ti bar-sa ho?) |

| | |
|---|---|
| English- | I'm twenty years old, and you? |
| Nepali- | म बिष वर्ष भए अनि तिमी? (Ma bish bar-sa bha-ye ani timi?) |

## GREETINGS/INTRODUCING

| | |
|---|---|
| English- | I'm also twenty years old. |
| Nepali- | म पनि बिष वर्ष हो। (Ma pa-ni bish bar-sa ho.) |

| | |
|---|---|
| English- | How long have you lived in Nepal? |
| Nepali- | तिमी कति भयो नेपालमा बसेको? (Ti-mi ka-ti bha-yo Ne-pal-maa ba-se-ko?) |

| | |
|---|---|
| English- | I have lived for one year, and you? |
| Nepali- | म एक वर्ष भयो अनि तिमी? (Ma ek bar-sa bha-yo ani ti-mi?) |

| | |
|---|---|
| English- | I have lived for two years. |
| Nepali- | म दुई वर्ष भयो। (Ma duii bar-sa bha-yo.) |

| | |
|---|---|
| English- | How are you finding Nepal? |
| Nepali- | तिमीलाई नेपाल कस्तो लाग्दै छ? (Ti-mi-lai Ne-pal kas-to laag-dai chha? |

## GREETINGS/INTRODUCING

| | |
|---|---|
| English- | I'm finding it very good and you? |
| Nepali- | मलाई एकदम राम्रो लाग्दैछ अनि तिमीलाई? (Ma-lai ek-dum ram-ro laag-dai-chha ani ti-mi-lai? |

| | |
|---|---|
| English- | Me too! |
| Nepali- | मलाई पनि। (Ma-lai pa-ni.) |

| | |
|---|---|
| English- | What job do you do? |
| Nepali- | तिमी के काम गर्छौं? (Ti-mi ke kaam gar-ch-haau?) |

| | |
|---|---|
| English- | I teach English in a school, and you? |
| Nepali- | म एउटा स्कूलमा अंग्रेजी पढाउछु अनि तिमी? (Ma eu-taa sch-ool-maa ang-ray-ji pa-dau-chhu ani ti-mi? |

## GREETINGS/INTRODUCING

| | |
|---|---|
| English- | I work in a restaurant. |
| Nepali- | म चाहिँ एउटा रेस्टुरेन्टमा काम गर्छु। (Ma chai eu-taa res-tu-rent maa kaam gar-chhu.) |

| | |
|---|---|
| English- | What do you like doing in your spare time? |
| Nepali- | तिमीलाई के गर्न मन लाग्छ खाली समएमा? (Ti-mi-lai ke gar-na man-laag-chha kha-li sa-ma-ya maa?) |

| | |
|---|---|
| English- | I like to read books and you? |
| Nepali- | मलाई किताब पढ्न मन लाग्छ अनि तिमीलाई? (Ma-lai ki-tab pad-na man-laag-chha ani ti-mi-lai?) |

| | |
|---|---|
| English- | I love to play football. |
| Nepali- | मलाई चाहिँ फूटबल खेल्न मन लाग्छ। (Ma-lai chai foot-ball khel-na man-lag-chha.) |

## GREETINGS/INTRODUCING

| | |
|---|---|
| English- | What is your phone number? |
| Nepali- | तिम्रो फोन नम्बर कति हो? (Tim-ro phone number ka-ti ho?) |

| | |
|---|---|
| English- | My number is 91234567890 and you? |
| Nepali- | मेरो नम्बर ९१२३४५६७८९० हो अनि तिम्रो? (Me-ro num-ber 91234567890 ho ani tim-ro? |

| | |
|---|---|
| English- | Could you please repeat that? |
| Nepali- | के तिमी त्यो दोहोरौना सक्छौ? (Ke ti-mi tyo do-ho-rau-na sak-chhau?) |

| | |
|---|---|
| English- | Mine is 91232345678. |
| Nepali- | मेरो चाहिँ ९१२३२३४५६७८ हो। (Me-ro chai 91232345678 ho.) |

## GREETINGS/INTRODUCING

| | |
|---|---|
| English- | Could you please talk slower? |
| Nepali- | के तिमी बिस्तारै बोल्न सक्छौ? (Ke ti-mi bis-taa-rai bol-na sak-chhau?) |

| | |
|---|---|
| English- | Are you on Facebook? |
| Nepali- | तिमी फेसबुकमा छौ? (Ti-mi Face-book-maa chhau?) |

| | |
|---|---|
| English- | Yes, I am. |
| Nepali- | अ म छु।(Ah, ma chhu). |

| | |
|---|---|
| English- | My Facebook name is David, and you? |
| Nepali- | मेरो फेसबुकको नाम चाहिँ डेभिड हो अनि तिम्रो? (Me-ro Face-book ko naam chai Da-vid ho ani tim-ro?) |

| | |
|---|---|
| English- | Mine is Paul. |
| Nepali- | मेरो चाहिँ पल हो। (Me-ro chai Paul ho.) |

## GREETINGS/INTRODUCING

| | |
|---|---|
| English- | Nice to meet you. |
| Nepali- | तिमीलाई भेटेर खुसी लाग्यो। (Ti-mi-lai bhe-tera khu-si laa-gyo.) |

| | |
|---|---|
| English- | Me too. |
| Nepali- | मलाई पनि। (Ma-lai pa-ni.) |

| | |
|---|---|
| English- | I need to go home now. |
| Nepali- | म घर जानु पर्छ अब। (Ma ghar jaa-nu par-chha aba.) |

| | |
|---|---|
| English- | See you later. |
| Nepali- | पछि भेटौंला। (Pa-chhi bhe-tau-laa.) |

## GREETINGS/INTRODUCING

## *Practice 1: Greetings/Introducing*

English- My name is_____.

Nepali- मेरो नाम_____हो।(Me-ro naam_____ho.)

| English- | David | Josh | Jacob |
|---|---|---|---|
| Nepali- | डेभिड (Da-vid) | जश (Josh) | जेक्कब (Ja-cob) |

English- I live in_____and you?

Nepali- म_____-मा बस्छु अनि तिमि? (Ma_____-maa bas-chhu ani ti-mi?)

| English- | Kathmandu | New york | London |
|---|---|---|---|
| Nepali- | काठमाडौँ (Kath-man-du) | न्यू योर्क (New york) | लन्डन (Lon-don) |

English- I'm_____years old and you?

Nepali- म_____वर्षको भए अनि तिमि? (Ma_____ bar-sa-ko ba-ye ani ti-mi?)

## GREETINGS/INTRODUCING

| English- | Twenty | Thirty | Fourty |
|---|---|---|---|
| Nepali- | बिस (Bish) | तिस (Tish) | चालीस (Chaa-lis) |

English- How long have you lived in?

Nepali- तिमी कति भयो_____-मा बसेको? (Ti-mi ka-ti ba-yo_____-maa ba-se-ko?)

| English- | Nepal | England | Canada |
|---|---|---|---|
| Nepali- | नेपाल (Nepal) | इंग्ल्याण्ड (Eng-land) | क्यानडा (Ca-na-da) |

English- I have lived_____years in Nepal, and you?

Nepali- म_____वर्ष भयो नेपाल मा बसेको अनि तिमी? (Ma _____bar-sa ba-yo Ne-pal maa ba-se-ko ani ti-mi?)

| English- | Two | Three | Four |
|---|---|---|---|
| Nepali- | दुई (Dui) | तीन (Tin) | चार (Char) |

## GREETINGS/INTRODUCING

English- I am learning_____.

Nepali- म_____सिक्दै छु। (Ma_____sik-dai chhu.)

| English- | Nepali | English | Hindi |
|---|---|---|---|
| Nepali- | नेपाली (Ne-paa-li) | अंग्रेजी (Ang-ray-ji) | हिंदी (Hin-di) |

English- I didn't understand_____.

Nepali- मैले_____बुझिन। (Mai-lay_____bu-ji-na.)

| English- | That | Them | You |
|---|---|---|---|
| Nepali- | त्यो (Tyo) | उनीहरुलाई (Uni-ha-ru-lai) | तिमीलाई (Ti-mi-lai) |

English- Could you please_____that?

Nepali- त्यो_____सक्नु हुन्छ? (Tyo_____sak-nu-hun-chha?)

## GREETINGS/INTRODUCING

| English- | Repeat | Show | Hold |
|---|---|---|---|
| Nepali- | दोहोर्याउन (Do-ho-rau-na) | देखाउन (De-khau-na) | समात्न (Sa-math-na) |

English- I'm _____.

Nepali- म_____ हो। (Ma_____ ho.)

| English- | Doctor | Police | Athlete |
|---|---|---|---|
| Nepali- | डाक्टर (Dak-tor) | प्रहरी (Pra-ha-ri) | खेलाडी (Khe-laa-di) |

## Expressions

| | |
|---|---|
| English- | You are beautiful. |
| Nepali- | तिमी राम्री छौ। (Ti-mi ram-ri chhaau.) |

| | |
|---|---|
| English- | You are handsome. |
| Nepali- | तिमी सुन्दर छौ। (Ti-mi sun-dar chhau.) |

| | |
|---|---|
| English- | You are lovely. |
| Nepali- | तिमी प्यारो छौ। (Ti-mi pya-ro chhau.) |

| | |
|---|---|
| English- | You are crazy. |
| Nepali- | तिमी पागल छौ। (Ti-mi paa-gal chhau.) |

## EXPRESSIONS

| English- | You are funny. |
|---|---|
| Nepali- | तिमी हासउठ्दो छौ। (Ti-mi hash-uth-dho ch-hau.) |

| English- | You are dumb. |
|---|---|
| Nepali- | तिमी बुद्धु छौ। (Ti-mi bud-dhu chhau.) |

| English- | You are stupid/silly/fool. |
|---|---|
| Nepali- | तिमी मुर्ख छौ। (Ti-mi mur-kha chhau.) |

| English- | You are scary. |
|---|---|
| Nepali- | तिमी डरलाग्दो छौ। (Ti-mi dar-lag-do chhau.) |

| English- | You are kind. |
|---|---|
| Nepali- | तिमी दयालु छौ। (Ti-mi da-ya-lu chhau.) |

## EXPRESSIONS

| English | You are disgusting. |
|---|---|
| Nepali- | तिमी गिन्लाग्दो छौ। (Ti-mi gin-lag-do chhau.) |

| English- | You are weird. |
|---|---|
| Nepali- | तिमी अनौठो छौ। (Ti-mi a-nau-tho chhau.) |

| English- | You are good. |
|---|---|
| Nepali- | तिमी राम्रो छौ। (Ti-mi ram-ro chhau.) |

| English- | You are not good. |
|---|---|
| Nepali- | तिमी राम्रो छैनौ। (Ti-mi ram-ro chhai-nau.) |

| English- | You are bad. |
|---|---|
| Nepali- | तिमी नराम्रो छौ। (Ti-mi na-ram-ro chhau.) |

## EXPRESSIONS

| | |
|---|---|
| English- | You are selfish. |
| Nepali- | तिमी स्वार्थी छौ। (Ti-mi swar-thi chhau.) |

| | |
|---|---|
| English- | You are lazy. |
| Nepali- | तिमी अल्छि छौ। (Ti-mi al-chhi chhau.) |

| | |
|---|---|
| English- | You are great. |
| Nepali- | तिमी महान छौ। (Ti-mi maa-haan chhau.) |

| | |
|---|---|
| English- | You are strong. |
| Nepali- | तिमी बलियो छौ। (Ti-mi ba-li-yo chhau.) |

| | |
|---|---|
| English- | You are weak. |
| Nepali- | तिमी कम्जोर छौ। (Ti-mi kam-jor chhau.) |

| | |
|---|---|
| English- | You are honest. |
| Nepali- | तिमी इमान्दार छौ। (Ti-mi e-maan-daar ch-hau.) |

## EXPRESSIONS

| English- | You are not honest. |
|---|---|
| Nepali- | तिमी इमान्दार छैनौ। (Ti-mi e-maan-daar ch-hai-nau.) |

| English- | You are hard-working. |
|---|---|
| Nepali- | तिमी मेहनती छौ। (Ti-mi me-ha-na-ti chhau.) |

| English- | You are not hard-working. |
|---|---|
| Nepali- | तिमी मेहनती छैनौ। (Ti-mi me-ha-nati chhai-nau.) |

| English- | I like it. |
|---|---|
| Nepali- | मलाई मनपर्छ। (Ma-lai man-par-chha.) |

| English- | I don't like it. |
|---|---|
| Nepali- | मलाई मन पर्दैन। (Ma-lai man-par-dai-na.) |

## EXPRESSIONS

| | |
|---|---|
| English- | I like another one. |
| Nepali- | मलाई अर्को मनपर्छ। (Ma-lai ar-ko man-par-chha.) |

| | |
|---|---|
| English- | I like you. |
| Nepali- | म तिमीलाई मन पराउँछु। (Ma ti-mi-lai man-pa-rau-chhu.) |

| | |
|---|---|
| English- | I love you. |
| Nepali- | म तिमीलाई माया गर्छु। (Ma timi-lai maa-yaa gar-chhu.) |

| | |
|---|---|
| English- | I love you so much. |
| Nepali- | म तिमीलाई धेरै माया गर्छु। (Ma ti-mi-lai dhe-rai maa-yaa gar-chhu.) |

## EXPRESSIONS

| | |
|---|---|
| English- | I'm crazy about you. |
| Nepali- | म तिम्रो लागि पागल छु। (Ma tim-ro laa-gi paa-gal chhu.) |

| | |
|---|---|
| English- | I feel happy. |
| Nepali- | मलाई खुसि ला छ। (Ma-lai ku-shi laa chha.) |

| | |
|---|---|
| English- | I'm not feeling happy. |
| Nepali- | मलाई खुसि लागेको छैन। (Ma-lai khu-si laa-gay-ko chhai-na.) |

| | |
|---|---|
| English- | I'm feeling happy. |
| Nepali- | मलाई खुसि लागेको छ। (Ma-lai khu-si laa-gay-ko chha.) |

| | |
|---|---|
| English- | I'm feeling very happy. |
| Nepali- | मलाई धेरै खुसि लागेको छ। (Ma-lai dhe-rai khu-si laa-gay-ko chha.) |

## EXPRESSIONS

| | |
|---|---|
| English- | I'm happy. |
| Nepali- | म खुशी छु। (Ma khu-si chhu.) |

| | |
|---|---|
| English- | I feel sad. |
| Nepali- | मलाई दुःख ला छ। (Ma-lai dhu-kha laa chha.) |

| | |
|---|---|
| English- | I'm feeling sad. |
| Nepali- | मलाई दुःख लागेको छ। (Ma-lai dhu-kha laa-gay-ko chha.) |

| | |
|---|---|
| English- | I'm feeling very sad. |
| Nepali- | मलाई धेरै दुःख लागेको छ। (Ma-lai dhe-rai dhu-kha laa-gay-ko chha.) |

| | |
|---|---|
| English- | I'm sad. |
| Nepali- | म दुखि छु। (Ma dhu-ki chhu.) |

## EXPRESSIONS

| | |
|---|---|
| English- | I'm stressed. |
| Nepali- | म तनावमा छु। (Ma ta-naav maa chhu.) |

| | |
|---|---|
| English- | I feel angry. |
| Nepali- | मलाई रिस उठ्छ। (Ma-lai ris uth-chha.) |

| | |
|---|---|
| English- | I'm feeling angry. |
| Nepali- | मलाई रिस उठेको छ। (Ma-lai ris u-thay-ko chha.) |

| | |
|---|---|
| English- | I'm feeling very angry. |
| Nepali- | मलाई धेरै रिस उठेको छ। (Ma-lai dhe-rai ris u-thay-ko chha.) |

| | |
|---|---|
| English- | I'm angry. |
| Nepali- | म रिसाएको छु। (Ma ri-saa-ye-ko chhu.) |

## EXPRESSIONS

| | |
|---|---|
| English- | I feel worried. |
| Nepali- | मलाई चिन्ता ला छ। (Ma-lai chin-taa laa chha.) |

| | |
|---|---|
| English- | I'm feeling worried. |
| Nepali- | मलाई चिन्ता लागि रहेको छ। (Ma-lai chin-taa laa-gi ra-hey-ko chha.) |

| | |
|---|---|
| English- | I'm feeling very worried. |
| Nepali- | मलाई धेरै चिन्ता लागि रहेको छ। (Ma-lai dhe-rai chin-taa laa-gi ra-he-ko chha.) |

| | |
|---|---|
| English- | I'm worried. |
| Nepali- | म चिन्तित छु। (Ma chin-tith chhu.) |

| | |
|---|---|
| English- | I feel afraid. |
| Nepali- | मलाई डर लाग्छ। (Ma-lai dar laag-chha.) |

## EXPRESSIONS

| English- | I'm feeling afraid. |
|---|---|
| Nepali- | मलाई डर लागेको छ। (Ma-lai dar laa-gay-ko chha.) |

| English- | I'm feeling very afraid. |
|---|---|
| Nepali- | मलाई धेरै डर लागेको छ। (Ma-lai dhe-rai dar laa-gay-ko chha.) |

| English- | I'm afraid. |
|---|---|
| Nepali- | मलाई डर लाग्यो। (Ma-lai dar laa-gyo.) |

| English- | I feel tired. |
|---|---|
| Nepali- | मलाई थकाई ला छ। (Ma-lai tha-kai laa chha.) |

| English- | I'm feeling tired. |
|---|---|
| Nepali- | मलाई थकाई लागेको छ। (Ma-lai tha-kai laa-gay-ko chha.) |

## EXPRESSIONS

| | |
|---|---|
| English- | I'm feeling very tired. |
| Nepali- | मलाई धेरै थकाई लागेको छ। (Ma-lai dhe-rai tha-kai laa-gay-ko chha.) |

| | |
|---|---|
| English- | I'm tired. |
| Nepali- | म थाकेको छु। (Ma tha-kay-ko chhu.) |

| | |
|---|---|
| English- | I feel sleepy. |
| Nepali- | मलाई निन्द्रा ला छ। (Ma-lai nin-dra laa chha.) |

| | |
|---|---|
| English- | I'm feeling sleepy. |
| Nepali- | मलाई निन्द्रा लागेको छ। (Ma-lai nin-dra laa-gay-ko chha.) |

| | |
|---|---|
| English- | I'm feeling very sleepy. |
| Nepali- | मलाई धेरै निन्द्रा लागेको छ। (Ma-lai dhe-rai nin-dra laa-gay-ko chha.) |

## EXPRESSIONS

| English- | I'm sleepy. |
|---|---|
| Nepali- | मलाई निन्द्रा लाग्यो। (Ma-lai nin-dra la-gyo.) |

| English- | I feel hungry. |
|---|---|
| Nepali- | मलाई भोक ला छ। (Ma-lai bhok laa chha.) |

| English- | I'm feeling hungry. |
|---|---|
| Nepali- | मलाई भोक लागेको छ। (Ma-lai bhok laa-gay-ko chha.) |

| English- | I'm feeling very hungry. |
|---|---|
| Nepali- | मलाई धेरै भोक लागेको छ। (Ma-lai dhe-rai bhok laa-gay-ko chha.) |

| English- | I'm hungry. |
|---|---|
| Nepali- | मलाई भोक लाग्यो। (Ma-lai bhok laa-gyo.) |

## EXPRESSIONS

| | |
|---|---|
| English- | I feel hot. |
| Nepali- | मलाई गर्मि भा छ। (Ma-lai gar-mi bha chha.) |

| | |
|---|---|
| English- | I'm hot. |
| Nepali- | म तातेको छु। (Ma ta-te-ko chhu.) |

| | |
|---|---|
| English- | It's hot today. |
| Nepali- | आज गर्मि छ। (Aa-ja gar-mi chha.) |

| | |
|---|---|
| English- | I'm feeling hot. |
| Nepali- | मलाई गर्मि भएको छ। (Ma-lai gar-mi bha-ye-ko chha. ) |

| | |
|---|---|
| English- | I'm feeling very hot. |
| Nepali- | मलाई धेरै गर्मि भएको छ। (Ma-lai dhe-rai gar-mi bha-ye-ko chha.) |

## EXPRESSIONS

| English- | I'm feeling cold. |
|---|---|
| Nepali- | मलाई जाडो भएको छ। (Ma-lai jaa-do bha-ye-ko chha.) |

| English- | I feel cold. |
|---|---|
| Nepali- | मलाई जाडो भा छ। (Ma-lai jaa-do bha chha.) |

| English- | I'm feeling very cold. |
|---|---|
| Nepali- | मलाई धेरै जाडो भएको छ। (Ma-lai dhe-rai jaa-do bha-ye-ko chha.) |

| English- | I'm cold. |
|---|---|
| Nepali- | म चिसो छु। (Ma chi-so chhu.) |

| English- | It's cold today. |
|---|---|
| Nepali- | आज चिसो छ। (Aa-ja chi-so chha.) |

## EXPRESSIONS

| English- | I feel peaceful. |
|---|---|
| Nepali- | म शान्त महसुस गर्छु। (Ma san-ta ma-ha-sus gar-chhu.) |

| English- | I'm feeling peaceful. |
|---|---|
| Nepali- | म शान्त महसुस गर्दैछु। (Ma san-ta ma-ha-sus gar-dai chhu.) |

| English- | I'm feeling very peaceful. |
|---|---|
| Nepali- | म धेरै शान्त महसुस गर्दैछु। (Ma dhe-rai san-ta ma-ha-sus gar-dai chhu.) |

| English- | I'm peaceful. |
|---|---|
| Nepali- | म शान्त छु। (Ma san-ta chhu. |

| English- | I am not feeling well. |
|---|---|
| Nepali- | मलाई अलि सन्चो छैन। (Ma-lai ali san-cho ch-hai-na.) |

## EXPRESSIONS

| | |
|---|---|
| English- | I want to buy something. |
| Nepali- | म केहि कुरा किन्न चाहन्छु। (Ma ke-hi ku-raa kin-na chaa-haan-chhu.) |

| | |
|---|---|
| English- | I want to go swimming. |
| Nepali- | मलाई पौडी खेल्न जानु मन छ। (Ma-lai pau-di khel-na jaa-nu man-chha.) |

| | |
|---|---|
| English- | I want to share my food with you. |
| Nepali- | म तपाईंसँग मेरो खाना बाँड्न चाहन्छु। (Ma ta-pai-sanga me-ro khaa-naa baad-na chaa-haan-chhu.) |

| | |
|---|---|
| English- | My heart is telling me to go there. |
| Nepali- | मेरो मनले तेता जाउ भन्छ। (Me-ro mon-lay te-taa jaau bhan-chha.) |

## EXPRESSIONS

| English- | I'd love to do something different. |
|---|---|
| Nepali- | मलाई केहि फरक कुरा गर्नु मन छ। (Ma-lai ke-hi fa-rak ku-raa gar-nu mon chha.) |

| English- | I need to leave early today. |
|---|---|
| Nepali- | म चाँडै जानु पर्छ आज। (Ma chaa-dai jaa-nu par-chha aa-ja.) |

| English- | I'm going. |
|---|---|
| Nepali- | म जाँदै छु। (Ma jaa-dai-chhu.) |

# EXPRESSIONS

## *Practice 2: Expressions*

English- You are_____.

Nepali- तिमी_____छौ।(Ti-mi_____chhau.)

| English- | Beautiful | Kind | Strong |
|---|---|---|---|
| Nepali- | राम्री (Ram-ri) | दयालु (Da-ya-lu) | बलियो (Ba-li-yo) |

English- I like_____.

Nepali- मलाई_____मनपर्छ। (Ma-lai_____man-par-chha.)

| English- | You | That | Football |
|---|---|---|---|
| Nepali- | तिमी (Ti-mi) | त्यो (Tyo) | फूटबल (Football) |

English- I feel_____.

Nepali- मलाई_____ला छ। (Ma-lai_____laa chha.)

## EXPRESSIONS

| English- | Happy | Sleepy | Hungry |
|---|---|---|---|
| Nepali- | खुशी (Khu-si) | निन्द्रा (Nin-dra) | भोक (Bhok) |

English- It's_____today.

Nepali- आज_____छ। (Aja_____chha.)

| English- | Hot | Cold | Raining |
|---|---|---|---|
| Nepali- | गर्मी (Gar-mi) | जाडो (Jaa-do)/ चिसो (chi-so) | पानी परेको (Paa-ni Pa-re-ko) |

English- I want to_____.

Nepali- मलाई_____मन छ। (Ma-lai_____man-chha.)

| English- | Sing | Dance | See |
|---|---|---|---|
| Nepali- | गाउन (Gau-na) | नाच्न (Nach-na) | हेर्न (Hair-na) |

## EXPRESSIONS

English- I'm _____.

Nepali- म_____छु। (Ma_____chhu.)

| English- | Tired | Angry | Happy |
|---|---|---|---|
| Nepali- | थाकेको (Tha-kay-ko) | रीसाको (Ri-saa-ko) | खुशी (Khu-si) |

English- I need _____.

Nepali- मलाई_____चाहिन्छ। (Ma-lai_____chaa-hin-chha.)

| English- | That | A pencil | A bag |
|---|---|---|---|
| Nepali- | त्यो (Tyo) | एउटा कलम (Eu-taa ka-lam) | एउटा झोला (Eu-taa jho-laa) |

English- I'm in _____.

Nepali- म_____-मा छु। (Ma_____-maa chhu.)

## EXPRESSIONS

| English- | Hurry | A Cafe | Friend's house |
|---|---|---|---|
| Nepali- | हतार (Ha-taar) | क्याफे (Ca-fe) | साथीको घर (Saa-thi-ko ghar) |

English- I love _____.

Nepali- मलाई_____मनपर्छ। (Ma-lai_____man-par-chha.)

| English- | Music | Nepali food | This place |
|---|---|---|---|
| Nepali- | संगीत (Sung-geet) | नेपाली खाना (Ne-pa-li khaa-naa) | यो ठाउँ (Yo thau) |

# Time

| English- | What time is it? |
|---|---|
| Nepali- | कति बज्यो? (Ka-ti ba-jyo?) |

| English- | It is two o'clock in the afternoon. |
|---|---|
| Nepali- | दिउँसोको दुई बजेको छ । (Deu-so-ko dui ba-jay ko chha.) |

| English- | It's almost eight o'clock at night. |
|---|---|
| Nepali- | रातको करिब आठ बजिसकेको छ। (Raat-ko ka-rib ath ba-ji-sa-kay-ko chha.) |

## TIME

| | |
|---|---|
| English- | They came home at twelve o'clock midnight. |
| Nepali- | उनीहरु मध्यरात बाह्र बजे घर आए। (Uni-haru madh-ya-raat baa-ra ba-jay ghar aa-ye.) |

| | |
|---|---|
| English- | See you at seven o'clock in the morning. |
| Nepali- | बिहान सात बजे भेटौंला। (Bi-haa-na sath ba-jay bhe-tau-laa) |

| | |
|---|---|
| English- | The movie starts at half-past four. |
| Nepali- | चलचित्र साँढे ४ बजे सुरु हुन्छ। (Chal-chit-ra saa-day char ba-jay su-ru hun-chha) |

| | |
|---|---|
| English- | What time? |
| Nepali- | कति बजे? (Ka-ti ba-jay?) |

## TIME

| English | One o'clock. |
|---|---|
| Nepali- | एक बजे। (Ek ba-jay.) |

| English- | Two o'clock. |
|---|---|
| Nepali- | दुई बजे। (Dui ba-jay.) |

| English- | Three o'clock. |
|---|---|
| Nepali- | तीन बजे। (Tin ba-jay.) |

| English- | Four o'clock. |
|---|---|
| Nepali- | चार बजे। (Char ba-jay.) |

| English- | Five o'clock. |
|---|---|
| Nepali- | पाँच बजे। (Pach ba-jay.) |

| English- | Six o'clock. |
|---|---|
| Nepali- | छ बजे। (Chha ba-jay.) |

## TIME

| | |
|---|---|
| English- | Seven o'clock. |
| Nepali- | सात बजे। (Sath ba-jay.) |

| | |
|---|---|
| English- | Eight o'clock. |
| Nepali- | आठ बजे। (Ath ba-jay.) |

| | |
|---|---|
| English- | Nine o'clock. |
| Nepali- | नौ बजे। (Nau ba-jay.) |

| | |
|---|---|
| English- | Ten o'clock. |
| Nepali- | दस बजे। (Das ba-jay.) |

| | |
|---|---|
| English- | Eleven o'clock. |
| Nepali- | एघार बजे। (E-gha-ra ba-jay.) |

| | |
|---|---|
| English- | Twelve o'clock. |
| Nepali- | बाह्र बजे। (Bah-ra ba-jay.) |

## TIME

| | |
|---|---|
| English- | What time is it? |
| Nepali- | कति बज्यो? (Ka-ti ba-jyo?) |

| | |
|---|---|
| English- | One o'clock. |
| Nepali- | एक बज्यो। (Ek ba-jyo.) |

| | |
|---|---|
| English- | Two o'clock. |
| Nepali- | दुई बज्यो। (Dui ba-jyo.) |

| | |
|---|---|
| English- | Three o'clock. |
| Nepali- | तीन बज्यो। (Tin ba-jyo.) |

| | |
|---|---|
| English- | Four o'clock. |
| Nepali- | चार बज्यो। (Char ba-jyo.) |

| | |
|---|---|
| English- | Five o'clock. |
| Nepali- | पाँच बज्यो। (Pach ba-jyo.) |

## TIME

| | |
|---|---|
| English- | Six o'clock. |
| Nepali- | छ बज्यो। (Chha ba-jyo.) |

| | |
|---|---|
| English- | Seven o'clock. |
| Nepali- | सात बज्यो। (Sath ba-jyo.) |

| | |
|---|---|
| English- | Eight o'clock. |
| Nepali- | आठ बज्यो। (Ath ba-jyo.) |

| | |
|---|---|
| English- | Nine o'clock. |
| Nepali- | नौ बज्यो। (Nau ba-jyo.) |

| | |
|---|---|
| English- | Ten o'clock. |
| Nepali- | दस बज्यो। (Das ba-jyo. |

| | |
|---|---|
| English- | Eleven o'clock. |
| Nepali- | एघार बज्यो। (E-gha-ra ba-jyo.) |

## TIME

| English- | Twelve o'clock. |
|---|---|
| Nepali- | बाह्र बज्यो। (Bah-ra ba-jyo.) |

| English- | It's quarter past eight. |
|---|---|
| Nepali- | सवा आठ बज्यो। (Sa-wa ath ba-jyo.) |

| English- | It's quarter to nine. |
|---|---|
| Nepali- | पाउने नौ बज्यो। (Pau-ne nau ba-jyo.) |

| English- | It's half-past ten. |
|---|---|
| Nepali- | साँढे दस बज्यो। (Saa-dae das ba-jyo.) |

## TIME

## *Practice 3: Time*

English- What is the time,_____?

Nepali- कति बज्यो,_____? (Ka-ti ba-jyo,_____?)

| English- | Friend | Big Brother/ Small brother | Big Sister/ Small Sister |
|---|---|---|---|
| Nepali- | साथी (Sa-thi) | दाई (Dai)/ भाई (Bhai) | दिदी (Di-di)/ बहिनि (Ba-hi-ni) |

English- It is_____o'clock.

Nepali-_____बजेको छ। (_____ba-jay-ko chha.)

| English- | One | Seven | Ten |
|---|---|---|---|
| Nepali- | एक (Ek) | सात (Sath) | दस (Das) |

## TIME

English- I'll see_____at 8 o'clock.

Nepali- म_____आठ बजे भेट्छु। (Ma_____ath ba-jay bhet-chhu.)

| English- | You | Him/Her | Them |
|---|---|---|---|
| Nepali- | तिमीलाई (Ti-mi-lai) | उसलाई (Us-lai)/ उनलाई (Un-lai) | उनीहरुलाई (Uni-haru-lai) |

English- See you at 8 o'clock in the_____.

Nepali-_____८ बजे भेटौंला। (_____८ ba-jay bhe-tau-laa.)

| English- | Morning | Evening |
|---|---|---|
| Nepali- | बिहान (Bi-haa-na) | बेलका (Bel-kaa) |

English- The program starts at_____7.

Nepali- कार्यक्रम_____७ बजे सुरु हुन्छ। (Kar-ya-kram_____७ ba-jay su-ru hun-chha)

## TIME

| English- | Half-past | Quarter-past | Quarter-to |
|---|---|---|---|
| Nepali- | साँढे (Saa-de) | सवा (Sa-wa) | पाउने (Pau-ne) |

English- I'll see you_____.

Nepali- म तिमीलाई_____भेट्छु। (Ma ti-mi-lai_____ bhet-chhu.)

| English- | Today | Tomorrow | Day after tomorrow |
|---|---|---|---|
| Nepali- | आज (aa-ja) | भोलि (Bho-li) | पर्सी (Per-si) |

English- I'm travelling_____.

Nepali- म_____यात्रा गर्दैछु। (Ma_____yat-raa gar-dai-chhu.)

| English- | Now | This week | Next week |
|---|---|---|---|
| Nepali- | अहिले (A-hi-le) | यो हप्ता (Yo hap-ta) | अर्को हप्ता (Ar-ko hap-ta) |

## TIME

English- My flight is _____.

Nepali- मेरो _____ उडान छ। (Me-ro u-dan _____ chha.)

| English- | Tomorrow | This Month | Next Month |
|---|---|---|---|
| Nepali- | भोलि (Bho-li) | यो महिना (Yo Ma-hi-naa) | अर्को महिना (Ar-ko Ma-hi-naa) |

English- _____, we had a very good time.

Nepali- _____,हामीले धेरै राम्रो समय बिताएका थियौं। (_____ haa-mi-lay dhe-rai ram-ro sa-ma-ya bi-taa-ye-ka thi-yau.)

| English- | Last year | Last week | Last Month |
|---|---|---|---|
| Nepali- | अघिल्लो वर्ष (A-ghil-lo Bar-sa) | गएको हप्ता (Ga-ye-ko hap-ta) | अघिल्लो महिना (A-ghil-lo Ma-hi-naa) |

# Requests/Commands

| | |
|---|---|
| English- | I have a request. |
| Nepali- | मेरो एउटा अनुरोध छ। (Me-ro eu-taa anu-rodh chha.) |

| | |
|---|---|
| English- | I want to make a request. |
| Nepali- | म एउटा कुरा अनुरोध गर्न चाहन्छु। (Ma eu-taa ku-raa anu-rodh gar-na chaa-han-chhu?) |

| | |
|---|---|
| English- | Can you show me this place? |
| Nepali- | मलाई यो ठाउँ देखाउन सक्नु हुन्छ? (Ma-lai yo thau dhe-khau-na sak-nu hun-chha?) |

## REQUESTS/COMMANDS

| | |
|---|---|
| English- | Could you show me this place? |
| Nepali- | मलाई यो ठाउँ देखाउन सक्नु हुन्त्योकी? (Ma-lai yo thau dhe-khau-na sak-nu hun-tyo-ki?) |

| | |
|---|---|
| English- | Will you show me this place? |
| Nepali- | मलाई यो ठाउँ देखाउनु हुन्छ? (Ma-lai yo thau dhe-khau-nu hun-chha?) |

| | |
|---|---|
| English- | Would you show me this place? |
| Nepali- | मलाई यो ठाउँ देखाउनु हुन्त्योकी? (Ma-lai yo thau dhe-khau-nu hun-tyo-ki?) |

| | |
|---|---|
| English- | Show me that place. |
| Nepali- | मलाई त्यो ठाउँ देखाउ। (Ma-lai tyo thau dhe-khau.) |

## REQUESTS/COMMANDS

| English- | Can you take me there? |
|---|---|
| Nepali- | मलाई त्यहाँ लान सक्नु हुन्छ? (Ma-lai tya-haa laa-na sak-nu hun-chha?) |

| English- | Could you take me there? |
|---|---|
| Nepali- | मलाई त्यहाँ लान सक्नु हुनत्योकी? (Ma-lai tya-haa laa-na sak-nu hun-tyo-ki?) |

| English- | Will you take me there? |
|---|---|
| Nepali- | मलाई त्यहाँ लानु हुन्छ? (Ma-lai tya-haa laa-nu hun-chha?) |

| English- | Would you take me there? |
|---|---|
| Nepali- | मलाई त्यहाँ लानु हुनत्योकी? (Ma-lai tya-haa laa-nu hun-tyo-ki?) |

| English- | Take me there. |
|---|---|
| Nepali- | मलाई त्यहाँ लैजाउ। (Ma-lai tya-haa lai-jau.) |

## REQUESTS/COMMANDS

| | |
|---|---|
| English- | Can you give me that? |
| Nepali- | मलाई त्यो दिन सक्नु हुन्छ? (Ma-lai tyo di-na sak-nu hun-chha?) |

| | |
|---|---|
| English- | Could you give me that? |
| Nepali- | मलाई त्यो दिन सक्नु हुनत्योकी? (Ma-lai tyo di-na sak-nu hun-tyo-ki?) |

| | |
|---|---|
| English- | Will you give me that? |
| Nepali- | मलाई त्यो दिनु हुन्छ? (Ma-lai tyo di-nu hun-chha?) |

| | |
|---|---|
| English- | Would you give me that? |
| Nepali- | मलाई त्यो दिनु हुनत्योकी? (Ma-lai tyo di-nu hun-tyo-ki?) |

| | |
|---|---|
| English- | Give me that. |
| Nepali- | मलाई त्यो देउ। (Ma-lai tyo deu. |

## REQUESTS/COMMANDS

| | |
|---|---|
| English- | Can you send this to him? |
| Nepali- | उसलाई यो पठाउन सक्नु हुन्छ? (Us-lai yo pa-thau-na sak-nu hun-chha? |

| | |
|---|---|
| English- | Could you send this to him? |
| Nepali- | उसलाई यो पठाउन सक्नु हुनत्योकी? (Us-lai yo pa-thau-na sak-nu hun-tyo-ki?) |

| | |
|---|---|
| English- | Will you send this to him? |
| Nepali- | उसलाई यो पठाउनु हुन्छ? (Us-lai yo pa-thau-nu hun-chha? |

| | |
|---|---|
| English- | Would you send this to him? |
| Nepali- | उसलाई यो पठाउनु हुनत्योकी? (Us-lai yo pa-thau-nu hun-tyo-ki? |

| | |
|---|---|
| English- | Send this to him. |
| Nepali- | उसलाई यो पठाउ। (Us-lai yo pa-thau.) |

## REQUESTS/COMMANDS

| | |
|---|---|
| English- | Can you hold that? |
| Nepali- | त्यो समात्न सक्नु हुन्छ? (Tyo sa-maath-na sak-nu hun-chha?) |

| | |
|---|---|
| English- | Could you hold that? |
| Nepali- | त्यो समात्न सक्नु हुनत्योकी? (Tyo sa-maath-na sak-nu hun-tyo-ki?) |

| | |
|---|---|
| English- | Will you hold that? |
| Nepali- | त्यो समात्नु हुन्छ? (Tyo sa-maath-nu hun-chha?) |

| | |
|---|---|
| English- | Would you hold that? |
| Nepali- | त्यो समात्नु हुनत्योकी? (Tyo sa-maath-nu hun-tyo ki?) |

| | |
|---|---|
| English- | Hold that. |
| Nepali- | त्यो समात। (Tyo sa-maa-ta.) |

## REQUESTS/COMMANDS

| English- | Can you close the gate? |
|---|---|
| Nepali- | त्यो गेट बन्द गर्न सक्नु हुन्छ? (Tyo gate bun-da gar-na sak-nu hun-chha?) |

| English- | Could you close the gate? |
|---|---|
| Nepali- | त्यो गेट बन्द गर्न सक्नु हुनत्योकी? (Tyo gate bun-da gar-na sak-nu hun-tyo-ki?) |

| English- | Will you close the gate? |
|---|---|
| Nepali- | त्यो गेट बन्द गर्नु हुन्छ? (Tyo gate bun-da gar-nu hun-chha?) |

| English- | Would you close the gate? |
|---|---|
| Nepali- | त्यो गेट बन्द गर्नु हुनत्योकी? (Tyo gate bun-da gar-nu hun-tyo-ki?) |

| English- | Close that gate. |
|---|---|
| Nepali- | त्यो गेट बन्द गर। (Tyo gate bun-da ga-ra.) |

## REQUESTS/COMMANDS

| | |
|---|---|
| English- | Can you close the door? |
| Nepali- | त्यो ढोका बन्द गर्न सक्नु हुन्छ? (Tyo do-kaa bun-da gar-na sak-nu hun-chha?) |

| | |
|---|---|
| English- | Could you close the door? |
| Nepali- | त्यो ढोका बन्द गर्न सक्नु हुनत्योकी? (Tyo do-kaa bun-da gar-na sak-nu hun-tyo-ki?) |

| | |
|---|---|
| English- | Will you close the door? |
| Nepali- | त्यो ढोका बन्द गर्नु हुन्छ? (Tyo do-kaa bun-da gar-nu hun-chha?) |

| | |
|---|---|
| English- | Would you close the door? |
| Nepali- | त्यो ढोका बन्द गर्नु हुनत्योकी? (Tyo do-kaa bun-da gar-nu hun-tyo-ki?) |

## REQUESTS/COMMANDS

| | |
|---|---|
| English- | Close that door. |
| Nepali- | त्यो ढोका बन्द गर। (Tyo do-kaa bun-da ga-ra.) |

| | |
|---|---|
| English- | Can you bring that stuff? |
| Nepali- | त्यो सामान ल्याउन सक्नु हुन्छ? (Tyo saa-maan lyau-na sak-nu hun-chha?) |

| | |
|---|---|
| English- | Could you bring that stuff? |
| Nepali- | त्यो सामान ल्याउन सक्नु हुन्त्योकी? (Tyo saa-maan lyau-na sak-nu hun-tyo-ki?) |

| | |
|---|---|
| English- | Will you bring that stuff? |
| Nepali- | त्यो सामान ल्याउनु हुन्छ? (Tyo saa-maan lyau-nu hun-chha?) |

## REQUESTS/COMMANDS

| English- | Would you bring that stuff? |
|---|---|
| Nepali- | त्यो सामान ल्याउनु हुनत्योकी? (Tyo saa-maan lyau-nu hun-tyo-ki?) |

| English- | Bring that stuff. |
|---|---|
| Nepali- | त्यो सामान ल्याउ। (Tyo saa-maan lyau.) |

## REQUESTS/COMMANDS

## *Practice 4: Requests/Commands*

English-_____have a request.?

Nepali-_____एउटा अनुरोध छ। (_____eu-taa anu-rodh chha.)

| English- | I | We | They |
|---|---|---|---|
| Nepali- | मेरो (Me-ro) | हाम्रो (Ham-ro) | उहाँहरुको (U-haa-ha-ru-ko) |

English- Can you show me that_____?

Nepali- मलाई त्यो_____देखाउन सक्नु हुन्छ? (Ma-lai tyo_ _____ dhe-khau-na sak-nu hun-chha?)

| English- | Book | Thing | Bag |
|---|---|---|---|
| Nepali- | किताब (Ki-taab) | कुरा (Ku-raa) | झोला (Jho-laa) |

## REQUESTS/COMMANDS

English- Could you help me for_____?

Nepali- के तपाईं मलाई_____लागि मद्दत गर्न सक्नु हुन्छकी? (K ta-pai ma-lai_____laa-gi ma-dat gar-na sak-nu-hun-chha ki)

| English- | A second | A moment | This |
|---|---|---|---|
| Nepali- | एक सेकेन्डको (Ek sec-ond-ko) | एक क्षणको (Ek chhy-and-ko) | यसको (Ace-ko) |

English- Will you give me that_____?

Nepali- मलाई त्यो_____दिनु हुन्छ? (Ma-lai tyo_____ di-nu hun-chha?)

| English- | Bag | Paper | Pencil |
|---|---|---|---|
| Nepali- | झोला (Jho-laa) | कागज (Kaa-gaj) | कलम (Ka-lam) |

English- Give me that_____.

Nepali- मलाई त्यो_____देउन। (Ma-lai tyo_____ dheu-na.)

## REQUESTS/COMMANDS

| English- | Ticket | Book | Stuff |
|---|---|---|---|
| Nepali- | टिकट (Ti-cut) | किताब (Ki-taab) | सामान (Saa-maan) |

English- Close that_____.

Nepali- त्यो_____बन्द गर। (Tyo_____bun-da ga-ra.)

| English- | Gate | Door | Computer |
|---|---|---|---|
| Nepali- | गेट (Gate) | दोका (Do-kaa) | कम्प्युटर (Com-pu-ter) |

English- Let me_____.

Nepali- मलाई_____देउ। (Ma-lai_____deu.)

| English- | Speak | Go | Stay |
|---|---|---|---|
| Nepali- | बोल्न (Bol-na) | जान (Jaa-na) | बस्न (Bus-na) |

## REQUESTS/COMMANDS

English- Could you please_____that?

Nepali- त्यो_____सक्नु हुन्छकी? (Tyo_____sak-nu-hun-chha-ki?)

| English- | Repeat | Show | Hold |
|---|---|---|---|
| Nepali- | दोहोर्याउन (Do-ho-rau-na) | देखाउन (Dhe-khau-na) | समात्न (Sa-maath-na) |

English- Take me to_____.

Nepali- मलाई_____लैजाउ। (Ma-lai_____lai-jau.)

| English- | A hospital | A restaurant | A shop |
|---|---|---|---|
| Nepali- | एउटा अस्पताल (Eu-taa as-pa-taal) | एउटा रेस्टुरेन्ट (Eu-taa res-tau-rant) | एउटा पसल (Eu-taa pa-sal) |

# Thankful/Grateful/Praiseful

| English- | Thank you. |
|---|---|
| Nepali- | धन्यवाद। (Dhan-ya-badh.) |

| English- | Thank you so much |
|---|---|
| Nepali- | तपाईलाई धेरै धन्यवाद। (Ta-pai-lai dhe-rai dhan-ya-badh.) |

| English- | Thanks a lot |
|---|---|
| Nepali- | धेरै धेरै धन्यवाद। (Dhe-rai dhe-rai dhan-ya-badh.) |

## THANKFUL/GRATEFUL/PRAISEFUL

| | |
|---|---|
| English- | Thanks, buddy! |
| Nepali- | धन्यवाद, मित्र! (Dhan-ya-badh, mit-ra!) |

| | |
|---|---|
| English- | Thank you, my friend! |
| Nepali- | धन्यवाद मेरो साथी! (Dhan-ya-badh me-ro sa-thi!) |

| | |
|---|---|
| English- | Thank you for your assistance. |
| Nepali- | धन्यवाद तपाईको सहयोगको लागि। (Dhan-ya-badh ta-pai-ko sa-ha-yog-ko laa-gi) |

| | |
|---|---|
| English- | Thank you for helping me. |
| Nepali- | धन्यवाद मलाई मदत गर्नु भएकोमा। (Dhan-ya-badh ma-lai ma-dat gar-nu bha-ye-ko-maa.) |

## THANKFUL/GRATEFUL/PRAISEFUL

| | |
|---|---|
| English- | Thank you! You helped me a lot. |
| Nepali- | धन्यवाद! तपाईले मलाई धेरै मदत गर्नु भयो। (Dhan-ya-badh! Ta-pai-lay ma-lai dhe-rai ma-dat gar-nu bha-yo.) |

| | |
|---|---|
| English- | I cannot thank you enough. |
| Nepali- | म तपाईंलाई पर्याप्त धन्यवाद दिन सक्दिन। (Ma ta-pai-lai par-yap-ta dhan-ya-badh di-na sak-di-na.) |

| | |
|---|---|
| English- | I appreciate it. |
| Nepali- | म कदर गर्छु। (Ma ka-dar gar-chhu.) |

| | |
|---|---|
| English- | I appreciate your help. |
| Nepali- | म तपाईंको सहयोगको कदर गर्छु। (Ma ta-pai-ko sa-ha-yog-ko ka-dar gar-chhu) |

## THANKFUL/GRATEFUL/PRAISEFUL

| | |
|---|---|
| English- | I praise you. |
| Nepali- | म तपाईंको प्रशंसा गर्छु। (Ma ta-pai-ko pra-san-saa gar-chhu.) |

| | |
|---|---|
| English- | I want to praise you. |
| Nepali- | म तपाईंको प्रशंसा गर्न चाहन्छु। (Ma ta-pai-ko pra-san-saa gar-na cha-haan-chhu.) |

| | |
|---|---|
| English- | You are praiseworthy. |
| Nepali- | तपाई प्रशंसाको योग्य हुनुहुन्छ। (Ta-pai pra-san-saa ko yog-ya hu-nu-hun-chha.) |

| | |
|---|---|
| English- | I was pleased to see you. |
| Nepali- | म तिमीलाई देखेर खुसी भए। (Ma ti-mi-lai de-khe-ra khu-si bha-ye.) |

| | |
|---|---|
| English- | I am so grateful. |
| Nepali- | म धेरै कृतज्ञ छु। (Ma dhe-rai kri-tag-ya chhu.) |

## THANKFUL/GRATEFUL/PRAISEFUL

| | |
|---|---|
| English- | I am grateful for your help. |
| Nepali- | म तपाईंको सहयोगको लागि आभारी छु। (Ma ta-pai ko sa-ha-yog-ko laa-gi a-bha-ri chhu.) |

| | |
|---|---|
| English- | I am grateful for your support. |
| Nepali- | म तपाईंको समर्थनको लागि आभारी छु। (Ma ta-pai ko sa-mar-than-ko laa-gi a-bha-ri chhu.) |

| | |
|---|---|
| English- | I am blessed. |
| Nepali- | म आशिषित छु। (Ma aa-shi-shith chhu.) |

| | |
|---|---|
| English- | I am blessed with this house. |
| Nepali- | म आशिषित छु यो घरको लागि। (Ma aa-shi-shith chhu yo ghar ko laa-gi.) |

## THANKFUL/GRATEFUL/PRAISEFUL

| | |
|---|---|
| English- | I am blessed to have you. |
| Nepali- | म तिमीलाई पाएकोमा आशिषित छु। (Ma ti-mi-lai pa-ye-ko-maa aa-shi-shith chhu.) |

| | |
|---|---|
| English- | You are the best. |
| Nepali- | तपाईं सबै भन्दा राम्रो हुनुहुन्छ। (Ta-pai sa-bai bhan-daa ram-ro hu-nu-hun-chha.) |

| | |
|---|---|
| English- | Your work is good. |
| Nepali- | तिम्रो काम राम्रो छ। (Tim-ro kaam ram-ro chha.) |

| | |
|---|---|
| English- | Your work is very good. |
| Nepali- | तिम्रो काम धेरै राम्रो छ। (Tim-ro kaam dhe-rai ram-ro chha.) |

| | |
|---|---|
| English- | Your work is extremely good. |
| Nepali- | तिम्रो काम एक्दम्मै राम्रो छ। (Tim-ro kaam ek-dam-mai ram-ro chha.) |

## THANKFUL/GRATEFUL/PRAISEFUL

| | |
|---|---|
| English- | Awesome! |
| Nepali- | अति उत्तम! (Ati ut-tam!) |

| | |
|---|---|
| English- | Good! |
| Nepali- | राम्रो! (Ram-ro!) |

| | |
|---|---|
| English- | You are awesome! |
| Nepali- | तिमी अति उत्तम छौ। (Ti-mi ati ut-tam chhau!) |

| | |
|---|---|
| English- | You are beautiful! |
| Nepali- | तिमी राम्री छौ! (Ti-mi ram-ri chhau!) |

| | |
|---|---|
| English- | You are very beautiful! |
| Nepali- | तिमी धेरै राम्री छौ! (Ti-mi dhe-rai ram-ri ch-hau!) |

| | |
|---|---|
| English | You are handsome! |
| Nepali- | तिमी सुन्दर छौ! (Ti-mi sun-dar chhau!) |

## THANKFUL/GRATEFUL/PRAISEFUL

| English- | You are attractive! |
|---|---|
| Nepali- | तिमी आकर्षक छौ! (Ti-mi aa-kar-sak chhau!) |

| English- | You are great! |
|---|---|
| Nepali- | तिमी महान छौ! (Ti-mi maa-haan chhau!) |

| English- | You are amazing! |
|---|---|
| Nepali- | तिमी अचम्म छौ! (Ti-mi a-cham-ma chhau!) |

| English- | You are strong! |
|---|---|
| Nepali- | तिमी बलियो छौ! (Ti-mi ba-li-yo chhau!) |

| English- | I'm amazed by your work. |
|---|---|
| Nepali- | म तिम्रो कामबाट चकित छु। (Ma tim-ro kaam-baa-ta cha-kith chhu.) |

## THANKFUL/GRATEFUL/PRAISEFUL

## *Practice 5: Thankful/Grateful/Praiseful*

English- Thanks_____!

Nepali- धन्यवाद_____! (Dhan-ya-badh_____!)

| English- | Buddy | Big Brother/ Small Brother | Big Sister/ Small Sister |
|---|---|---|---|
| Nepali- | मित्र (Mit-ra) | दाई (Dai)/ भाई (Bhai) | दिदी (Didi)/ बहिनि (Ba-hi-ni) |

English- Thank you for your_____?

Nepali- तपाईको_____-को लागि धन्यवाद। (Ta-pai-ko____ _____-ko laa-gi dhan-ya-badh.)

| English- | Help | Patience | Time |
|---|---|---|---|
| Nepali- | मदत (Ma-dat) | धैर्य (Dhai-rya) | समय (Sa-ma-ya) |

## THANKFUL/GRATEFUL/PRAISEFUL

English- I am grateful for _____.

Nepali- म _____-को लागि आभारी छु। (Ma _____-ko lagi ah-bha-ri chhu.)

| English- | Food | Everything | This opportunity |
|---|---|---|---|
| Nepali- | खाना (Khaa-naa) | सबै कुरा (Sa-bai ku-raa) | यो मौका (Yo mau-kaa) |

English- You are _____.

Nepali- तपाई _____ हुनुहुन्छ। (Ta-pai _____ hu-nu-hun-chha.)

| English- | Beautiful | Amazing | Great |
|---|---|---|---|
| Nepali- | राम्री (Ram-ri) | अचम्मको (Ah-cham-ma-ko) | महान (Maa-haan) |

English- I'm _____.

Nepali- म _____ छु। (Ma _____ chhu.)

## THANKFUL/GRATEFUL/PRAISEFUL

| English- | Delighted | Blessed | Grateful |
|---|---|---|---|
| Nepali- | खुसी (Khu-si) | आशिषित (Aa-shi-shith) | आभारी (Ah-bha-ri) |

# Apologizing/Misunderstanding/Confusion

| | |
|---|---|
| English- | Sorry! |
| Nepali- | माफ गर्नुस। (Maaf gar-nus.) |

| | |
|---|---|
| English- | Forgive me. |
| Nepali- | मलाई माफ गरिदेऊ। (Ma-lai maaf ga-ri-deu.) |

| | |
|---|---|
| English- | Forgive me for my mistakes. |
| Nepali- | मेरो गल्तीहरूको लागि मलाई माफ गर्नुहोस्। (Me-ro gal-ti-ha-ru-ko laa-gi ma-lai maaf gar-nu-hos.) |

## APOLOGIZING/MISUNDERSTANDING/CONFUSION

| | |
|---|---|
| English- | Forgive me for my sins. |
| Nepali- | मेरो पापहरूको लागि मलाई माफ गर्नुहोस्। (Me-ro paap-ha-ru-ko laa-gi ma-lai maaf gar-nu-hos.) |

| | |
|---|---|
| English- | Forgive me for my recklessness. |
| Nepali- | मेरो लापरवाहीको लागि मलाई माफ गर्नुहोस्। (Me-ro laa-par-va-hi-ko laa-gi ma-lai maaf gar-nu-hos.) |

| | |
|---|---|
| English- | I am really sorry. |
| Nepali- | म साँच्चै माफी चाहन्छु। (Ma saa-chai maa-fi chaa-han-chhu.) |

| | |
|---|---|
| English- | I am very sorry. |
| Nepali- | म धेरै माफी चाहन्छु। (Ma dhe-rai maafi chaa-han-chhu.) |

## APOLOGIZING/MISUNDERSTANDING/CONFUSION

| | |
|---|---|
| English- | I am extremely sorry. |
| Nepali- | म एकदमै माफी चाहन्छु। (Ma ek-da-mai maa-fi chaa-han-chhu.) |

| | |
|---|---|
| English- | It is my fault. |
| Nepali- | यो मेरो गल्ती हो। (Yo me-ro gal-ti ho.) |

| | |
|---|---|
| English- | I won't do it again. |
| Nepali- | म फेरी गर्दिन। (Ma fe-ri gar-di-na.) |

| | |
|---|---|
| English- | I didn't mean it. |
| Nepali- | मैले त्यो भन्न खोजेको होइन। (Mai-lay tyo bhan-na kho-jay-ko hoi-na.) |

| | |
|---|---|
| English- | That's not what I mean. |
| Nepali- | मेरो मतलब त्यो थिएन। (Me-ro mat-lab tyo thi-ye-na.) |

## APOLOGIZING/MISUNDERSTANDING/CONFUSION

| | |
|---|---|
| English- | I hope that you forgive me. |
| Nepali- | मलाई आशा छ तपाईले मलाई माफ गर्नुहुन्छ। (Ma-lai aa-sha chha ta-pai-lay ma-lai maaf gar-nu-hun-chha.) |

| | |
|---|---|
| English- | I apologize. |
| Nepali- | म माफी चाहन्छु। (Ma maa-fi chaa-han-chhu.) |

| | |
|---|---|
| English- | He apologized. |
| Nepali- | उसले माफी मागे। (Us-lay maa-fi maa-gay.) |

| | |
|---|---|
| English- | She apologized. |
| Nepali- | उनले माफी मागे। (Un-lay maa-fi maa-gay.) |

| | |
|---|---|
| English- | They apologized. |
| Nepali- | उनीहरूले माफी मागे। (Uni-ha-ru-lay maa-fi maa-gay.) |

## APOLOGIZING/MISUNDERSTANDING/CONFUSION

| English- | I sincerely apologize. |
|---|---|
| Nepali- | म ईमानदारी पूर्वक माफी चाहन्छु। (Ma i-maan-daari pur-bak maa-fi chaa-han-chhu.) |

| English- | I didn't understand. |
|---|---|
| Nepali- | मैले बुझिनँ। (Mai-lay bhu-ji-na.) |

| English- | I didn't realize. |
|---|---|
| Nepali- | मैले महसुस्नै गरिन। (Mai-lay ma-ha-sus-nai ga-ri-na.) |

| English- | I didn't know. |
|---|---|
| Nepali- | मलाई थाहा थिएन। (Ma-lai tha-ha thi-ye-na.) |

## APOLOGIZING/MISUNDERSTANDING/CONFUSION

| | |
|---|---|
| English- | I'm confused. Can you explain that again? |
| Nepali- | म अलमलमा छु। के तपाईं यसलाई फेरि व्याख्या गर्न सक्नु हुन्छ? (Ma a-la-mal-maa chhu. Ke ta-pai yes-lai fe-ri bya-kyaa gar-na sak-nu-hun-chha?) |

| | |
|---|---|
| English- | Is this true? |
| Nepali- | के यो साँचो हो? (Ke yo saa-cho ho?) |

| | |
|---|---|
| English- | Is this false? |
| Nepali- | के यो गलत हो? (Ke yo ga-lat ho?) |

| | |
|---|---|
| English- | Is this right? |
| Nepali- | के यो सही हो? (Ke yo sa-hi ho?) |

| | |
|---|---|
| English- | Is this wrong? |
| Nepali- | के यो गलत हो? (Ke yo ga-lat ho?) |

## APOLOGIZING/MISUNDERSTANDING/CONFUSION

| | |
|---|---|
| English- | What did you say? |
| Nepali- | तिम्ले के भनेको? (Tim-lay ke bha-ne-ko?) |

| | |
|---|---|
| English- | Don't think me wrong. |
| Nepali- | मलाई गलत नसम्झ। (Ma-lai ga-lat na-sam-jha.) |

| | |
|---|---|
| English- | There must be some misunderstanding. |
| Nepali- | त्यहाँ केही गलत बुझेको हुनुपर्छ। (Tya-haa ke-hi ga-lat bu-jay-ko hu-nu-par-chha.) |

| | |
|---|---|
| English- | Where am I? |
| Nepali- | म कता छु? (Ma ka-taa chhu?) |

| | |
|---|---|
| English- | I'm lost. |
| Nepali- | म हराएको छु। (Ma ha-raa-ye-ko chhu.) |

## APOLOGIZING/MISUNDERSTANDING/CONFUSION

| | |
|---|---|
| English- | I'm confused. |
| Nepali- | म दोधारमा छु। (Ma do-dhar-maa chhu.) |

| | |
|---|---|
| English- | I don't know. |
| Nepali- | मलाई थाहा छैन। (Ma-lai tha-haa chhai-na.) |

| | |
|---|---|
| English- | I don't know where I should go. |
| Nepali- | मलाई थाहा छैन म कहाँ जानु पर्ने। (Ma-lai tha-haa chhai-na ma kaa-haa jaa-nu par-ney.) |

| | |
|---|---|
| English- | I don't know where my friend is. |
| Nepali- | मलाई थाहा छैन मेरो साथी कहाँ छ। (Ma-lai tha-haa chhai-na me-ro sa-thi kaa-haa chha.) |

| | |
|---|---|
| English- | Where does this path lead? |
| Nepali- | यो बाटो कता जान्छ? (Yo baa-to ka-taa jaan-chha? |

## APOLOGIZING/MISUNDERSTANDING/CONFUSION

| English- | Forgive me if I'm wrong. |
|---|---|
| Nepali- | भुल भए माफ गरिदेऊ। (Bhul bha-ye maaf ga-ri-deu.) |

# APOLOGIZING/MISUNDERSTANDING/CONFUSION

## *Practice 6: Apologizing/Misunderstanding/Confusion*

English- Forgive me for my_____.

Nepali- मेरो_____-को लागि मलाई माफ गर्नुहोस्। (Me-ro_____-ko laa-gi ma-lai maaf gar-nu-hos.)

| English- | Mistakes | Sins | Recklessness |
|---|---|---|---|
| Nepali- | गल्तीहरू (Gal-ti-ha-ru) | पापहरू (Paap-ha-ru) | लापरवाही (Laa-par-va-hi) |

English- It is_____fault.

Nepali- यो_____गल्ती हो। (Yo_____gal-ti ho.)

| English- | My | His/her | Their |
|---|---|---|---|
| Nepali- | मेरो (Me-ro) | उसको (Us-ko)/ उनको (Un-ko) | उनीहरूको (Uni-ha-ru-ko) |

## APOLOGIZING/MISUNDERSTANDING/CONFUSION

English-_____won't do it again.

Nepali-_____फेरी गर्दिन। (_____phe-ri gar-di-na.)

| English- | I | We |
|---|---|---|
| Nepali- | म (Ma) | हामी (haa-mi) |

English-_____apologize.

Nepali-_____माफी चाहन्छु। (_____maa-fi chaa-haan-chhu.)

| English- | I | We |
|---|---|---|
| Nepali- | म (Ma) | हामी (haa-mi) |

English-_____didn't understand.

Nepali-_____बुझेन। (_____bu-jhe-na.)

| English- | He | She | They |
|---|---|---|---|
| Nepali- | उसले (Us-le) | उनले (Un-le) | तिनीहरूले (Ti-ni-ha-ru-le) |

## APOLOGIZING/MISUNDERSTANDING/CONFUSION

English- What did _____ say?

Nepali- _____ के भनेको? _____ ke bha-ne-ko?)

| English- | You | He/she | They |
|---|---|---|---|
| Nepali- | तिमीले (Ti-mi-le) | उसले (Us-le)/ उनले (Un-le) | तिनीहरूले (Ti-ni-ha-ru-le) |

English- Is this _____ ?

Nepali- के यो _____ हो? (K yo _____ ho?)

| English- | True | False | Right |
|---|---|---|---|
| Nepali- | साँचो (Saa-cho) | गलत (Ga-lat) | सही (Sa-hi) |

# Danger/Difficult Situations

| | |
|---|---|
| English- | Help! |
| Nepali- | गुहार! (Gu-haar!) (Is used to shout when you are in danger.) |

| | |
|---|---|
| English- | I'm in a difficult situation. |
| Nepali- | म कठिन अवस्थामा छु। (Ma ka-theen aa-was-tha-maa chhu.) |

| | |
|---|---|
| English- | I'm in danger. |
| Nepali- | म खतरामा छु। (Ma khat-raa-maa chhu.) |

## DANGER/DIFFICULT SITUATIONS

| | |
|---|---|
| English- | Call the police immediately! |
| Nepali- | पुलिसलाई बोलाउनुहोस् तुरुन्तै! (Po-lice-lai bo-lau-nu-hos tu-run-tai!) |

| | |
|---|---|
| English- | Fast! |
| Nepali- | छिटो! (Che-toe!) |

| | |
|---|---|
| English- | It's urgent! |
| Nepali- | यो जरुरी छ! (Yo ja-ru-ri chha!) |

| | |
|---|---|
| English- | It's very urgent! |
| Nepali- | यो धेरै जरुरी छ! (Yo dhe-rai ja-ru-ri chha!) |

| | |
|---|---|
| English- | What happened? |
| Nepali- | के भयो? (Ke bha-yo?) |

## DANGER/DIFFICULT SITUATIONS

| | |
|---|---|
| English- | Thief! |
| Nepali- | चोर! (Chor) |

| | |
|---|---|
| English- | Thief is running that way! |
| Nepali- | चोर तेता तिर भागेको छ! (Chor te-taa ti-ra bha-gay-ko chha!) |

| | |
|---|---|
| English- | Are you okay? |
| Nepali- | तपाईंलाई ठिक छ? (Ta-pai-lai thik chha?) |

| | |
|---|---|
| English- | I'm not okay. |
| Nepali- | मलाई ठिक छैन। (Ma-lai thik chhai-na.) |

| | |
|---|---|
| English- | I'm okay. |
| Nepali- | म ठिक छु। (Ma thik chhu.) |

## DANGER/DIFFICULT SITUATIONS

| | |
|---|---|
| English- | It's dangerous there. |
| Nepali- | खतरा छ तेता। (Khat-raa chha te-taa.) |

| | |
|---|---|
| English- | Danger! |
| Nepali- | खतरा! (Khat-raa!) |

| | |
|---|---|
| English- | Don't go there. |
| Nepali- | तेता नजाउ। (Te-taa na-jau.) |

| | |
|---|---|
| English- | It's dangerous here. |
| Nepali- | येहा खतरा छ। (Ya-haa khat-raa chha.) |

| | |
|---|---|
| English- | What to do now? |
| Nepali- | अब के गर्ने? (Aba ke gar-ne?) |

| | |
|---|---|
| English- | Wait! |
| Nepali- | पर्खा! (Par-kha!) |

## DANGER/DIFFICULT SITUATIONS

| English- | Calm down. |
|---|---|
| Nepali- | शान्त हुनुहोस्। (Saan-ta hu-nu-hos.) |

| English- | How's the situation there? |
|---|---|
| Nepali- | तेताको स्तिती कस्तो छ? (Te-taa-ko sti-ti kas-to chha?) |

| English- | I don't know. |
|---|---|
| Nepali- | मलाई थाहा छैन। (Ma-lai tha-haa-chhaina.) |

| English- | It's bad. |
|---|---|
| Nepali- | नराम्रो छ। (Na-ram-ro chha.) |

| English- | Please help me! |
|---|---|
| Nepali- | मलाई मदत गर्नुस! (Ma-lai ma-dat gar-nus!) |

## DANGER/DIFFICULT SITUATIONS

| | |
|---|---|
| English- | Go! |
| Nepali- | जाउ! (Jaau!) |

| | |
|---|---|
| English- | Go fast! |
| Nepali- | जाउ छिटो! (Jaau chhito!) |

| | |
|---|---|
| English- | Immediately! |
| Nepali- | तुरुन्तै! (Tu-run-tai!) |

| | |
|---|---|
| English- | Come! |
| Nepali- | आउ! (Aau!) |

| | |
|---|---|
| English- | Come fast! |
| Nepali- | आउ छिटो! (Aau chhito!) |

| | |
|---|---|
| English- | It's difficult. |
| Nepali- | कठिन छ। (Ka-theen chha.) |

## DANGER/DIFFICULT SITUATIONS

| | |
|---|---|
| English- | Call the ambulance immediately! |
| Nepali- | एम्बुलेन्स बोलाउनुहोस् तुरुन्तै! (Am-bu-lance bo-lau-nu-hos tu-run-tai!) |

| | |
|---|---|
| English- | I'm bleeding. |
| Nepali- | मेरो रगत बगिरहेको छ। (Me-ro ra-gat ba-gi-ra-he-ko chha.) |

| | |
|---|---|
| English- | I'm losing so much blood. |
| Nepali- | म धेरै रगत गुमाउँदै छु। (Ma dhe-rai ra-gat gu-mau-dai chhu.) |

| | |
|---|---|
| English- | I'm losing consciousness. |
| Nepali- | म होश गुमाउँदै छु। (Ma hosh gu-mau-dai chhu.) |

## DANGER/DIFFICULT SITUATIONS

| | |
|---|---|
| English- | He's losing consciousness. |
| Nepali- | उसले होश गुमाउँदै छ। (Us-lay hosh gu-mau-dai chha.) |

| | |
|---|---|
| English- | He/she has lost consciousness. |
| Nepali- | उसले/उनले होश गुमाको छ। (Us-lay/un-lay hosh gu-maa-ko chha.) |

| | |
|---|---|
| English- | He's losing so much blood. |
| Nepali- | उसले धेरै रगत गुमाउँदै छ। (Us-lay dhe-rai ra-gat gu-maau-dai chha.) |

| | |
|---|---|
| English- | He has lost so much blood. |
| Nepali- | उसले धेरै रगत गुमाको छ। (Us-lay dhe-rai ra-gat gu-maa-ko chha.) |

## DANGER/DIFFICULT SITUATIONS

| | |
|---|---|
| English- | Can you take me to the nearest hospital? |
| Nepali- | मलाई नजिकको अस्पताल लान सक्नु हुन्छ? (Ma-lai na-jik-ko as-pa-taal laa-na sak-nu hun-chha?) |

| | |
|---|---|
| English- | Will you take me to the nearest hospital? |
| Nepali- | मलाई नजिकको अस्पताल लानु हुन्छ? (Ma-lai na-jik-ko as-pa-taal laa-nu hun-chha?) |

| | |
|---|---|
| English- | Please, take me to the nearest hospital. |
| Nepali- | मलाई नजिकको अस्पताल लानुस। (Ma-lai na-jik-ko as-pa-taal laa-nus.) |

| | |
|---|---|
| English- | I'm wounded. |
| Nepali- | म घाइते छु। (Ma ghai-tay chhu.) |

## DANGER/DIFFICULT SITUATIONS

| | |
|---|---|
| English- | My leg is broken. |
| Nepali- | मेरो खुट्टा भाँचिएको छ। (Me-ro khut-taa bha-chi-ye-ko chha.) |

| | |
|---|---|
| English- | My arm is broken. |
| Nepali- | मेरो हात भाँचिएको छ। (Me-ro hath bha-chi-ye-ko chha.) |

| | |
|---|---|
| English- | I'm hurt. |
| Nepali- | मलाई चोट लागेको छ। (Ma-lai chot laa-gay-ko chha.) |

| | |
|---|---|
| English- | It hurts here. |
| Nepali- | यहाँ दुख्छ। (Ya-haa dhuk-chha.) |

| | |
|---|---|
| English- | Ouch! |
| Nepali- | आइया! (Ai-yaa!) |

## DANGER/DIFFICULT SITUATIONS

| English- | Ouch! That hurt me! |
|---|---|
| Nepali- | आइया! दुखायो तेस्ले! (Ai-yaa! Dhu-kha-yo tes-lay!) |

| English- | Ouch! You've hurt me! |
|---|---|
| Nepali- | आइया! दुखायो तिम्ले! (Ai-yaa! Dhu-kha-yo tim-lay!) |

| English- | Where is the closest pharmacy? |
|---|---|
| Nepali- | नजिकको औषधि पसल कत्ता छ? (Na-jik-ko au-sa-dhi pa-sal ka-taa chha?) |

| English- | I'm not well. |
|---|---|
| Nepali- | मलाई सन्चो छैन। (Ma-lai san-cho chhai-na.) |

| English- | Stop! |
|---|---|
| Nepali- | रोक्नुहोस्! (Rok-nu-hos!) |

## DANGER/DIFFICULT SITUATIONS

| | |
|---|---|
| English- | Please Stop! |
| Nepali- | कृपया रोक्नुहोस्! (Kri-pa-yaa rok-nu-hos!) |

| | |
|---|---|
| English- | Can I help you? |
| Nepali- | के म तपाईंलाई मद्दत गर्न सक्छु? (Ke ma ta-pai-lai ma-dat gar-na sak-chhu?) |

| | |
|---|---|
| English- | I'm lost. Can you help me find this place? |
| Nepali- | म हराएको छु। के तपाईं मलाई यो ठाउँ फेला पार्न मद्दत गर्न सक्नु हुन्छ? (Ma ha-ra-ye-ko chhu. Ke ta-pai ma-lai yo thau phe-laa paar-na ma-dat gar-na sak-nu-hun-chha?) |

| | |
|---|---|
| English- | Will you help me? |
| Nepali- | मलाई मदत गर्नुहुन्छ? (Ma-lai ma-dat gar-nu hun-chha? |

## DANGER/DIFFICULT SITUATIONS

| | |
|---|---|
| English- | Will you look after this? |
| Nepali- | यो हेरी दिनु हुन्छ? (Yo he-ri di-nu hun-chha?) |

| | |
|---|---|
| English- | Look after this stuff. |
| Nepali- | यो सामान हेरी दिनुस्न। (Yo saa-maan he-ri di-nus-na.) |

| | |
|---|---|
| English- | Please, look after this stuff. |
| Nepali- | कृपया,यो सामान हेरी दिनुस्न। (Kri-pa-yaa, yo saa-man he-ri di-nus-na.) |

# DANGER/DIFFICULT SITUATIONS

## *Practice 7: Danger/Difficult Situations*

English-_____in a difficult situation.

Nepali-_____कठिन अवस्थामा छ। (_____ka-theen a-was-tha-maa chha.)

| English- | He's/ she's | They're |
|---|---|---|
| Nepali- | उहाँ (Uh-ha)/ उनी (U-ni) | उनीहरू (Uh-ni-ha-ru) |

English-_____in danger.

Nepali-_____खतरामा छ। (_____khat-raa-maa chha.)

| English- | He's | She's | They're |
|---|---|---|---|
| Nepali- | ऊ (Uh) | उनी (Uh-ni) | उनीहरू (Uh-ni-ha-ru) |

## DANGER/DIFFICULT SITUATIONS

English- Call the_____immediately!

Nepali-_____बोलाउनुहोस् तुरुन्तै! (_____bo-lau-nu-hos tu-run-tai!)

| English- | Police | Ambulance | Doctor |
|---|---|---|---|
| Nepali- | पुलिस (Po-lice)/ प्रहरी (Pra-ha-ri) | एम्बुलेन्स (Am-bu-lance) | डाक्टर (Doc-tor) |

English- Are_____okay?

Nepali-_____-लाई ठिक छ? (_____lai thik chha?)

| English- | You | They |
|---|---|---|
| Nepali- | तिमी(Ti-mi) / तपाईं (Ta-pai) | तिनीहरू (Ti-ni-ha-ru) |

English- Is_____okay?

Nepali-_____सन्चै छ? (_____san-chai chha?)

| English- | He | She |
|---|---|---|
| Nepali- | उहाँ (Uh-ha) | उनी(Uh-ni) |

## DANGER/DIFFICULT SITUATIONS

English- It's danger_____.

Nepali-_____खतरा छ। (_____khat-raa chha.)

| English- | Here | There | Everywhere |
|---|---|---|---|
| Nepali- | यहाँ (Ya-haa) | त्यहाँ (Tya-haa) | जतातर्तै (Ja-taa-ta-tai) |

English- What to do_____?

Nepali- _____के गर्ने? (_____ke gar-nay?)

| English- | Now | Later |
|---|---|---|
| Nepali- | अब (Aba) | पछि (Pa-chhi) |

English- It's_____.

Nepali-_____छ। (_____chha.)

| English- | Good | Bad | Worse |
|---|---|---|---|
| Nepali- | राम्रो (Ram-ro) | नराम्रो (Na-ram-ro) | खराब (Kha-raab) |

## DANGER/DIFFICULT SITUATIONS

English-_____hurt.

Nepali-_____चोट लागेको छ। (_____chot laa-gay-ko chha.)

| English- | I'm | He's/ She's | They're |
|---|---|---|---|
| Nepali- | मलाई (Ma-lai) | उसलाई (Us-lai)/ उनलाई (Un-lai) | उनीहरूलाई (Uni-ha-ru-lai) |

# Hospitals

| English- | Where is the nearest hospital? |
|---|---|
| Nepali- | नजिकको अस्पताल कहाँ छ? (Na-jik ko as-pa-taal kaa-haa chha?) |

| English- | Can you take me to the nearest hospital? |
|---|---|
| Nepali- | मलाई नजिकको अस्पताल लान सक्नु हुन्छ? (Ma-lai na-jik-ko as-pa-taal laa-na sak-nu hun-chha?) |

| English- | Is it urgent? |
|---|---|
| Nepali- | यो जरुरी छ? (Yo ja-ru-ri chha?) |

## HOSPITALS

| | |
|---|---|
| English- | Can you call an ambulance? |
| Nepali- | के तपाई एम्बुलेन्स बोलाउन सक्नु हुन्छ? (Ke ta-pai am-bu-lance bo-lau-na sak-nu hun-chha?) |

| | |
|---|---|
| English- | Call an ambulance immediately! |
| Nepali- | एम्बुलेन्स बोलाउनुहोस् तुरुन्तै! (Am-bu-lance bo-lau-nu-hos tu-run-tai!) |

| | |
|---|---|
| English- | Call a doctor immediately? |
| Nepali- | डाक्टर बोलाउनुहोस् तुरुन्तै! (Doc-tor bo-lau-nu-hos tu-run-tai!) |

| | |
|---|---|
| English- | I'm wounded. |
| Nepali- | म घाइते छु। (Ma ghai-tay chhu.) |

| | |
|---|---|
| English- | I'm bruised. |
| Nepali- | मलाई चोट लागेको छ। (Ma-lai chot laa-gay-ko chha.) |

## HOSPITALS

| | |
|---|---|
| English- | I think my hand is fractured. |
| Nepali- | मेरो हात भाँचिएको जस्तो ला छ। (Me-ro ha-th bha-chi-ye-ko jas-to laa-chha.) |

| | |
|---|---|
| English- | I think my leg is fractured. |
| Nepali- | मेरो खुट्टा भाँचिएको जस्तो ला छ। (Me-ro khut-taa bha-chi-ye-ko jas-to laa-chha.) |

| | |
|---|---|
| English- | My finger is swollen. |
| Nepali- | मेरो औंला सुन्निएको छ। (Me-ro au-laa sun-ni-ye-ko chha.) |

| | |
|---|---|
| English- | I'd like to see a doctor. |
| Nepali- | म डाक्टरलाई हेर्न चाहन्छु। (Ma doc-tor-lai her-na chaa-haan-chhu.) |

## HOSPITALS

| | |
|---|---|
| English- | What is your name? |
| Nepali- | तपाईको नाम के हो? (Ta-pai-ko naam ke ho?) |

| | |
|---|---|
| English- | Your name? |
| Nepali- | तपाईको नाम? (Ta-pai-ko naam?) |

| | |
|---|---|
| English- | What is the name of your hotel? |
| Nepali- | तपाईको होटेलको नाम के हो? (Ta-pai-ko ho-tel-ko naam ke ho?) |

| | |
|---|---|
| English- | My hotel name is Hotel Mystic Mountain. |
| Nepali- | मेरो होटेलको नाम होटेल म्स्टिक माउनटेन हो। (Me-ro ho-tel-ko naam Ho-tel Mys-tic Moun-tain ho.) |

## HOSPITALS

| | |
|---|---|
| English- | What is your date of birth? |
| Nepali- | तपाईको जन्म मिति कति हो? (Ta-pai-ko jan-ma mi-ti ka-ti ho?) |

| | |
|---|---|
| English- | My date of birth is 23/02/1990. |
| Nepali- | मेरो जन्म मिति २३/०२/१९९० हो। (Me-ro jan-ma mi-ti 23/02/1990 ho.) |

| | |
|---|---|
| English- | Do you have any doctors who speak English? |
| Nepali- | के तपाई संग अंग्रेजी बोल्ने डाक्टरहरु छन्? (Ke ta-pai sang-ga ang-re-ji bol-ne doc-tor ha-ru chhan?) |

| | |
|---|---|
| English- | I am confused. Can you please explain in English? |
| Nepali- | म त अलमलमा परे, कृपया अंग्रेजीमा भन्न सक्नु हुन्छ? (Ma-ta ala-mal-maa pa-rey, kri-paa-yaa ang-ray-ji-maa bhan-na sak-nu hun-chha?) |

## HOSPITALS

| | |
|---|---|
| English- | I need to phone an English-speaking friend for you to communicate with so I can understand your guidance. |
| Nepali- | मैले तपाई संग कुरा गर्न अंग्रेजी जानेको साथी बोलाउनु पर्ने भयो। उसले मलाई तपाईको कुरा राम्ररी बुझाई दिन्छ। (Mai-lay ta-pai sang-ga ku-raa gar-na ang-ray-ji jaa-ne-ko saa-thi bo-lau-nu par-nay bha-yo. Us-lay ma-lai ta-pai-ko ku-raa ram-ra-ri bu-jhai-din-chha.) |

| | |
|---|---|
| English- | The doctor will see you in one minute. |
| Nepali- | डाक्टरले तपाईलाई एक मिनेटमा हेर्ने छन्। (Doc-tor-lay ta-pai-lai ek mi-nu-te maa her-nay chhan.) |

| | |
|---|---|
| English- | Please, sit. |
| Nepali- | कृपया, बस्नु होस्। (Kri-pa-yaa, bas-nu-hos.) |

## HOSPITALS

| | |
|---|---|
| English- | Please take a seat. |
| Nepali- | कृपया, सीट लिनु होस्। (Kri-pa-yaa, seat li-nu-hos.) |

| | |
|---|---|
| English- | Please wait. |
| Nepali- | कृपया, पर्खिनुस। (Kri-pa-yaa, par-khi-nus.) |

| | |
|---|---|
| English- | Where are the toilets? |
| Nepali- | सौचालयहरु कता छन् होला? (Sau-chaa-la-yaa ha-ru ka-ta chhan ho-laa?) |

| | |
|---|---|
| English- | The doctor's ready to see you now. |
| Nepali- | डाक्टर अब तपाईलाई भेट्न तयार हुनुहुन्छ। (Doc-tor a-ba ta-pai-lai bhet-na ta-yar hu-nu-hun-chha.) |

## HOSPITALS

| | |
|---|---|
| English- | How can I help you? |
| Nepali- | म तिमीलाई कसरी मदत गर्न सक्छु? (Ma ti-mi-lai ka-sa-ri ma-dat gar-na sak-chhu?) |

| | |
|---|---|
| English- | What's the problem? |
| Nepali- | समस्या के हो? (Sa-ma-sya ke ho?) |

| | |
|---|---|
| English- | I am not feeling well. |
| Nepali- | मलाई अलि सन्चो छैन। (Ma-lai a-li san-cho ch-hai-na.) |

| | |
|---|---|
| English- | I have a fever. |
| Nepali- | मलाई जोरो आएको छ। (Ma-lai jo-ro a-ye-ko chha.) |

| | |
|---|---|
| English- | I am ill. |
| Nepali- | म बिरामी छु। (Ma bi-raa-mi chhu.) |

## HOSPITALS

| English- | I've got a headache. |
|---|---|
| Nepali- | मेरो टाउको दुखेको छ। (Me-ro tau-ko du-khe-ko chha.) |

| English- | I have a cold. |
|---|---|
| Nepali- | मलाई चिसो लागेको छ। (Ma-lai chi-so laa-gay-ko chha.) |

| English- | I have a cough. |
|---|---|
| Nepali- | मलाई खोकी लागेको छ। (Ma-lai kho-kee laa-gay-ko chha.) |

| English- | I've got throat pain. |
|---|---|
| Nepali- | मेरो घाँटी दुखेको छ। (Me-ro ghaa-ti du-khe-ko chha.) |

| English- | I've got a backache. |
|---|---|
| Nepali- | मेरो ढाड दुखेको छ। (Me-ro daad du-khe-ko chha.) |

## HOSPITALS

| | |
|---|---|
| English- | I've got a toothache. |
| Nepali- | मेरो दात दुखेको छ। (Me-ro daath du-khe-ko chha.) |

| | |
|---|---|
| English- | My joints are aching. |
| Nepali- | मेरो जोर्नी दुखेको छ। (Me-ro jor-ni du-khe-ko chha.) |

| | |
|---|---|
| English- | My ear is aching. |
| Nepali- | मेरो कान दुखेको छ। (Me-ro kan du-khe-ko chha.) |

| | |
|---|---|
| English- | I'm in a lot of pain. |
| Nepali- | म धेरै पिडामा छु। (Ma dhe-rai pi-daa maa chhu.) |

| | |
|---|---|
| English- | I've got a pain in my chest. |
| Nepali- | मलाई छातीमा दुखेको छ। (Ma-lai chhaa-ti maa du-khe-ko chha.) |

## HOSPITALS

| | |
|---|---|
| English- | I have diarrhoea. |
| Nepali- | मलाई पखाला लागेको छ। (Ma-lai pa-kha-laa laa-gay-ko chha.) |

| | |
|---|---|
| English- | I have constipation. |
| Nepali- | मलाई कब्जियत भा छ। (Ma-lai con-sti-pa-tion/kab-ji-yat bha-chha.) |

| | |
|---|---|
| English- | How long are you feeling like this? |
| Nepali- | कति समय देखी एस्तो महसुस गर्दै हुनुहुन्छ? (Ka-ti sa-ma-ya de-khi yes-to ma-ha-sus gar-dai hu-nu-hun-chha?) |

| | |
|---|---|
| English- | It's been a few days. |
| Nepali- | केहि दिन भयो। (Ke-hi din bha-yo.) |

| | |
|---|---|
| English- | It's been four days. |
| Nepali- | चार दिन भयो। (Char din bha-yo.) |

## HOSPITALS

| | |
|---|---|
| English- | It's been a week. |
| Nepali- | एक हप्ता भयो। (Ek hap-taa bha-yo.) |

| | |
|---|---|
| English- | It's been two weeks. |
| Nepali- | दुई हप्ता भयो। (Dui hap-taa bha-yo.) |

| | |
|---|---|
| English- | What are your symptoms? |
| Nepali- | तपाईंको लक्षणहरू के छ? (Ta-pai-ko lak-chyan ha-ru ke chha?) |

| | |
|---|---|
| English- | I feel weak. |
| Nepali- | म कम्जोर महसुस गर्छु। (Ma kam-jor ma-ha-sus gar-chhu.) |

| | |
|---|---|
| English- | I feel dizzy. |
| Nepali- | मलाई चक्कर लागेको छ। (Ma-lai chak-kar laa-gay-ko chha.) |

## HOSPITALS

| | |
|---|---|
| English- | I feel tired. |
| Nepali- | म थकित महसुस गर्छु। (Ma tha-kith ma-ha-sus gar-chhu.) |

| | |
|---|---|
| English- | I'm having difficulty breathing. |
| Nepali- | मलाई सास फेर्न गाह्रो भएको छ। (Ma-lai sash fair-na gaa-ro bha-ye-ko chha.) |

| | |
|---|---|
| English- | I've been having difficulty sleeping. |
| Nepali- | मलाई सुत्न गाह्रो भएको छ। (Ma-lai sut-na gaa-ro bha-ye-ko chha.) |

| | |
|---|---|
| English- | I have an eating disorder. |
| Nepali- | मलाई खानापनमा समस्या छ। (Ma-lai khaa-naa-pan-maa sa-mas-ya chha.) |

| | |
|---|---|
| English- | I don't feel like eating. |
| Nepali- | मलाई खाना मन लाग्दैन। (Ma-lai khaa-naa man laag-dai-na.) |

## HOSPITALS

| | |
|---|---|
| English- | Can I have a look? |
| Nepali- | के म हेर्न सक्छु? (Ke ma her-na sak-chhu?) |

| | |
|---|---|
| English- | Where does it hurt? |
| Nepali- | कहाँ दुख्छ? (Kaa-haa dukh-chha?) |

| | |
|---|---|
| English- | It hurts here. |
| Nepali- | यहाँ दुख्छ। (Ya-haa dukh-chha.) |

| | |
|---|---|
| English- | Does it hurt when I press here? |
| Nepali- | मैले यहाँ थिच्दा दुख्छ? (Mai-lay ya-haa thich-daa dukh-chha?) |

| | |
|---|---|
| English- | Yes, it hurts. |
| Nepali- | हजुर, दुख्छ। (Ha-jur, dukh-chha.) |

| | |
|---|---|
| English- | No, it doesn't hurt. |
| Nepali- | अहँ दुख्दैन। (Ah-huh, dukh-dai-na.) |

## HOSPITALS

| | |
|---|---|
| English- | I'm going to take your blood pressure. |
| Nepali- | म तिम्रो रक्तचाप लिने छु। (Ma tim-ro blood pre-ssure/Rak-ta-chaap li-nay-chhu.) |

| | |
|---|---|
| English- | Could you roll up your sleeve? |
| Nepali- | तपाईको बहुला माथि फर्काउन सक्नु हुन्छ? (Ta-pai-ko ba-hu-laa maa-thi far-kau-na sak-nu hun-chha?) |

| | |
|---|---|
| English- | Your blood pressure's very high. |
| Nepali- | तपाईको धेरै उच्च रक्तचाप छ। (Ta-pai-ko dhe-rai uch-cha blood pre-ssure/ Rakta chaap chha.) |

| | |
|---|---|
| English- | Your blood pressure's alright. |
| Nepali- | तपाईको रक्तचाप ठिकै छ। (Ta-pai-ko blood pre-ssure/ Rak-ta chaap thi-kai chha.) |

## HOSPITALS

| | |
|---|---|
| English- | Your blood pressure's very low. |
| Nepali- | तपाईको धेरै कम रक्तचाप छ। (Ta-pai-ko dhe-rai kam blood pre-ssure/ Rak-ta chaap chha.) |

| | |
|---|---|
| English- | Open your mouth, please. |
| Nepali- | तपाईको मुख खोल्नुस त। (Ta-pai-ko muhk khol-nus ta.) |

| | |
|---|---|
| English- | You need to have a blood test. |
| Nepali- | तपाईले रगत जांचनु पर्छ। (Ta-pai-lay ra-gat jaj-nu par-chha.) |

| | |
|---|---|
| English- | I'm going to prescribe you some antibiotics. |
| Nepali- | म केहि एन्टिबायोटिक लेख दिने छु तपाईलाई। (Ma ke-hi an-ti-bio-tics lehk-di-nay chhu ta-pai-lai.) |

## HOSPITALS

| English- | Take one tablet three times a day |
|---|---|
| Nepali- | एक ट्याब्लेट तिन चोटी लिनुस दिनमा। (Ek tab-let tin cho-ti li-nus din-maa.) |

| English- | Do you smoke? |
|---|---|
| Nepali- | चुरोट खानु हुन्छ तपाईले? (Chu-rot kha-nu-hun-chha ta-pai-lay?) |

| English- | No, I don't. |
|---|---|
| Nepali- | अहँ, खादिना। (Ah-huh, kha-di-na.) |

| English- | Yes, I do. |
|---|---|
| Nepali- | हजुर, खान्छु। (Ha-jur, khan-chhu.) |

| English- | Are you on any medication? |
|---|---|
| Nepali- | तपाई केही औषधी लिदै हुनुहुन्छ? (Ta-pai ke-hi au-sa-dhi li-dai hu-nu-hun-chha?) |

## HOSPITALS

| | |
|---|---|
| English- | Yes, I'm taking it. |
| Nepali- | हजुर, लिदै छु। (Ha-jur, li-dai chhu.) |

| | |
|---|---|
| English- | What medicines are you taking? |
| Nepali- | के औषधी लिदै हुनुहुन्छ? (Ke au-sa-dhi li-dai hu-nu-hun-chha?) |

| | |
|---|---|
| English- | No, I'm not taking any medicines. |
| Nepali- | अहँ, मैले कुनै औषधी लिएको छैन? (Ah-huh, mai-lay ku-nai au-sa-dhi li-ye-ko chhai-na.) |

| | |
|---|---|
| English- | Do you have any allergies? |
| Nepali- | तपाईको कुनै एलर्जी छ? (Ta-pai-ko ku-nai a-ller-gy chha?) |

| | |
|---|---|
| English- | Yes, I have it. |
| Nepali- | हजुर, छ। (Ha-jur, chha.) |

## HOSPITALS

| English- | No, I don't have it. |
|---|---|
| Nepali- | अहँ, छैन। (Ah-huh, chhai-na.) |

| English- | I don't know. |
|---|---|
| Nepali- | मलाई थाहा छैन। (Ma-lai tha-haa chhai-na.) |

## HOSPITALS

## *Practice 8: Hospitals*

English- Where is the nearest_____?

Nepali- सबैभन्दा नजिकको_____कहाँ छ? (Sa-bai-bhan-daa na-jik-ko_____kaa-haa chha?)

| English- | Hospital | Pharmacy |
|---|---|---|
| Nepali- | अस्पताल (As-pa-tal) | औशधि पसल (Au-sa-dhi Pa-sal) |

English- Can you show_____the way?

Nepali-_____बाटो देखाउन सक्नु हुन्छ? _____baa-to dhe-khau-na sak-nu hun-chha?)

| English- | Me | Him/her | Them |
|---|---|---|---|
| Nepali- | मलाई (Ma-lai) | उसलाई (Us-lai)/ उनलाई (Un-lai) | तिनीहरूलाई (Ti-ni-ha-ru-lai) |

## HOSPITALS

English- I'd like to see a _____.

Nepali- म_____हेर्न चाहन्छु। (Ma_____her-na chaa-haan-chhu.)

| English- | Doctor | Nurse | Patient |
|---|---|---|---|
| Nepali- | डाक्टर (Doc-tor) | नर्स (Nu-rse) | बिरामी (Bi-ra-mi) |

English-_____wounded.

Nepali-_____घाइते छ। (_____ghai-tay chha.)

| English- | He's/she's | They're |
|---|---|---|
| Nepali- | ऊ (Uh) | उनीहरू (Uni-ha-ru) |

English-_____bruised

Nepali-_____चोट लागेको छ। (_____chot laa-gay-ko chha.)

| English- | He's/she's | They're |
|---|---|---|
| Nepali- | उसलाई (Us-lai)/ उनलाई (Un-lai) | उनीहरूलाई (Uni-ha-ru-lai) |

## HOSPITALS

English- What is _____ name?

Nepali- _____ नाम के हो? (_____ naam ke ho?)

| English- | Your | His | Her |
|---|---|---|---|
| Nepali- | तपाईंको (Ta-pai-ko) | उसको (Us-ko) | उनको (Un-ko) |

English- How old is _____?

Nepali- _____ कति वर्षको हुनुहुन्छ? (_____ ka-ti bar-sa-ko hu-nu-hun-chha?)

| English- | He | She |
|---|---|---|
| Nepali- | उहाँ (Uh-haa) | उनि (Uh-ni) |

English- _____ not feeling well.

Nepali- _____ सन्चो छैन। (_____ san-cho chhai-na.)

| English- | He's | She's | They're |
|---|---|---|---|
| Nepali- | उसलाई (Us-lai) | उनलाई (Un-lai) | उनीहरूलाई (Uni-ha-ru-lai) |

## HOSPITALS

English-_____having fever.

Nepali-_____ज्वरो आएको छ। (_____jo-ro a-ye-ko chha.)

| English- | He's | She's | They're |
|---|---|---|---|
| Nepali- | उसलाई (Us-lai) | उनलाई (Un-lai) | उनीहरूलाई (Uni-ha-ru-lai) |

## Transportation

| | |
|---|---|
| English- | Brother, where does the microbus/bus go up to? |
| Nepali- | भाई, माइक्रोबस /बस कता सम्म जान्छ? (Bhai micro-bus/ bus ka-taa sam-ma jaan-chha?) |

| | |
|---|---|
| English- | It goes up to Basundhara. |
| Nepali- | बसुन्धरा सम्म जान्छ। (Ba-sun-dha-raa sam-ma jaan-chha.) |

| | |
|---|---|
| English- | Have a seat. |
| Nepali- | बस्नुस। (Bus-nus.) |

## TRANSPORTATION

| | |
|---|---|
| English- | Brother, how much is the fare? |
| Nepali- | भाई, कति भयो भाडा? (Bhai, ka-ti bha-yo bha-daa?) |

| | |
|---|---|
| English- | Brother, how much is the fare from Samakhusi to Basundhara? |
| Nepali- | भाई, सामाखुसीबाट बसुन्धरा सम्म कति भाडा लाग्छ? (Bhai Saa-maa-khu-si baa-ta Ba-sun-dha-raa sam-ma ka-ti bha-da lag-chha?) |

| | |
|---|---|
| English- | 20 rupees |
| Nepali- | २० रुपैयाँ। (20 ru-pai-yaa.) |

| | |
|---|---|
| English- | Is this seat empty? |
| Nepali- | यो सीट खाली हो? (Yo seat kha-li ho?) |

## TRANSPORTATION

| | |
|---|---|
| English- | Can I sit here? |
| Nepali- | म यहाँ बस्न सक्छुकी? (Ma ya-haa bas-na sak-chhu-ki?) |

| | |
|---|---|
| English- | Is there anyone dropping off at Basundhara? |
| Nepali- | बसुन्धरा झर्ने कोही हुनुहुन्छ? (Ba-sun-dha-raa jhar-ne ko-hi hu-nu-hun-chha?) |

| | |
|---|---|
| English- | Drop me off here, brother. |
| Nepali- | यही झारदेउ भाई मलाई। (Ye-hi jhar-deu bhai ma-lai.) |

| | |
|---|---|
| English- | Ok, Everyone, give me your bus fare. The last stop is near now. |
| Nepali- | ल भाडा दिनुस त सबैले, लास्ट स्टप आउने बेला भयो। (La bha-daa di-nus ta sa-bai-le, last stop au-ne be-laa bha-yo.) |

## TRANSPORTATION

| | |
|---|---|
| English- | Ok, give me your bus fare, brother. |
| Nepali- | ल बस भाडा दिनुस दाई। (La bus bha-daa di-nus dai.) |

| | |
|---|---|
| English- | Ok, give me your bus fare, brother, sister, aunt, and uncle. |
| Nepali- | ल भाडा दिनुस त दाई, दिदी, आन्टी, अंकल। (La bha-daa di-nus-ta dai, di-di, aun-ty, un-cle.) |

| | |
|---|---|
| English- | Where is the bus station? |
| Nepali- | बसपार्क कहाँ छ? (Bus-park kaa-haa chha?) |

| | |
|---|---|
| English- | From where to where? |
| Nepali- | कहाँ देखि कहाँ सम्म? (Kaa-haa de-khi kaa-haa sam-ma?) |

## TRANSPORTATION

| | |
|---|---|
| English- | From Kathmandu to Pokhara. |
| Nepali- | काठमाडौँ देखी पोखरा। (Kath-man-du de-khi Po-kha-raa.) |

| | |
|---|---|
| English- | It is five hundred rupees. |
| Nepali- | पान्सय रुपैयाँ लाग्छ। (Paan-sa-ye ru-pai-yaa laag-chha.) |

| | |
|---|---|
| English- | Please give me one ticket to Pokhara. |
| Nepali- | एउटा पोखराको टिकट दिनुस्। (You-taa Po-kha-raa-ko tic-ket di-nus.) |

| | |
|---|---|
| English- | How long will it take to reach Pokhara? |
| Nepali- | पोखरा पुग्न कति समय लाग्छ? (Po-kha-raa pug-na ka-ti sa-ma-ya laag-chha?) |

| | |
|---|---|
| English- | It takes eight hours to go to Pokhara. |
| Nepali- | पोखरा पुग्न आठ घण्टा लाग्छ। (Po-kha-raa pug-na ath ghan-taa laag-chha.) |

## TRANSPORTATION

| | |
|---|---|
| English- | Where are we now? |
| Nepali- | अहिले हामी कहाँ छौं? (Ahi-lay haa-mi kaa-haa chhau?) |

| | |
|---|---|
| English- | We are about to reach Pokhara. |
| Nepali- | हामी पोखरा पुग्न लाग्यो। (Haa-mi Po-kha-raa pug-na laa-gyo.) |

| | |
|---|---|
| English- | My ticket is lost. |
| Nepali- | मेरो टिकट हरायो। (Me-ro tic-ket ha-raa-yo.) |

| | |
|---|---|
| English- | Give me a new ticket. |
| Nepali- | मलाई नयाँ टिकट दिनुहोस्। (Ma-lai na-yaa tic-ket di-nu-hos.) |

| | |
|---|---|
| English- | How much is the bus fare? |
| Nepali- | बसको भाडा कति हो? (Bus ko bhaa-daa ka-ti ho?) |

## TRANSPORTATION

| | |
|---|---|
| English- | When would you like to travel? |
| Nepali- | तपाईं कहिले यात्रा गर्न चाहनुहुन्छ? (Ta-pai ka-hi-lay yat-raa gar-na chaa-haa-nu-hun-chha?) |

| | |
|---|---|
| English- | I want to travel today. |
| Nepali- | म आज यात्रा गर्न चाहन्छु। (Ma aa-ja yat-raa gar-na chaa-han-chhu.) |

| | |
|---|---|
| English- | From where to where? |
| Nepali- | कहाँ देखि कहाँ सम्म? (Kaa-haa de-khi kaa-haa sam-ma?) |

| | |
|---|---|
| English- | Where do you want to go? |
| Nepali- | तपाईं कहाँ जान चाहनुहुन्छ? (Ta-pai kaa-haa jaa-na chaa-haa-nu-hun-chha?) |

## TRANSPORTATION

| | |
|---|---|
| English- | I want to go to Bhaktapur. |
| Nepali- | म भक्तपुर जान चाहन्छु। (Ma Bhak-ta-pur jaa-na chaa-han-chhu.) |

| | |
|---|---|
| English- | Can I buy a ticket on the bus or not? |
| Nepali- | बसमा टिकट किन्न मिल्छकी मिल्दैन ? (Bus maa tic-ket kin-na mil-chha-ki mil-dai-na?) |

| | |
|---|---|
| English- | Yes, you can. |
| Nepali- | हजुर, मिल्छ। (Hajur, mil-chha.) |

| | |
|---|---|
| English- | No, you can't. |
| Nepali- | अहँ, मिल्दैन। (Ah-huh, mil-dai-na.) |

| | |
|---|---|
| English- | Where does this vehicle go? |
| Nepali- | यो गाडी कहाँ जान्छ? (Yo gaa-di kaa-haa jan-chha?) |

## TRANSPORTATION

| English- | This vehicle goes to Chakrapath. |
|---|---|
| Nepali- | यो गाडी चक्रपथ जान्छ। (Yo gaa-di Chak-ra-pat jaan-chha.) |

| English- | Does this bus go to Pokhara? |
|---|---|
| Nepali- | के यो बस पोखरा जान्छ? (Ke yo bus Po-kha-raa jaan-chha?) |

| English- | Yes, it goes. |
|---|---|
| Nepali- | हजुर जान्छ। (Ha-jur, jaan-chha.) |

| English- | No, it won't go. |
|---|---|
| Nepali- | अहँ, जादैन। (Ah-huh, jaa-dai-na.) |

| English- | Where is the bus to Pokhara? |
|---|---|
| Nepali- | पोखरा जाने बस कहाँ छ? (Po-kha-raa jaa-nay bus kaa-haa chha?) |

## TRANSPORTATION

| | |
|---|---|
| English- | There on the side. |
| Nepali- | उता छेउमा छ। (U-taa cheu maa chha.) |

| | |
|---|---|
| English- | What time does the next bus come? |
| Nepali- | अर्को बस कति बजे आउँछ? (Ar-ko bus ka-ti ba-jay au-chha?) |

| | |
|---|---|
| English- | Seven'o clock. |
| Nepali- | सात बजे। (Sath ba-jay.) |

| | |
|---|---|
| English- | Where are we going? |
| Nepali- | हामी कहाँ जाँदैछौं? (Haa-mi kaa-haa jaa-dai-chhau?) |

| | |
|---|---|
| English- | We are going to Lumbini. |
| Nepali- | हामी लुम्बिनी जाँदैछौं। (Haa-mi Lum-bi-ni jaa-dai-chhau.) |

## TRANSPORTATION

| | |
|---|---|
| English- | Where do you stop this bus after this? |
| Nepali- | यो बस एस पछि कहाँ रोक्छ? (Yo bus yace pa-chhi kaa-haa rok-chha?) |

| | |
|---|---|
| English- | This bus will stop at Samakushi next. |
| Nepali- | यो बस एस पछि सामाखुसी रोक्छ। (Yo bus yace pa-chhi Saa-maa-ku-shi rok-chha.) |

| | |
|---|---|
| English- | Where are you going? |
| Nepali- | तिमी कहाँ जाँदैछौं? Ti-mi kaa-haa jaa-dai-ch-hau?) |

| | |
|---|---|
| English- | I'm going to Pokhara. |
| Nepali- | म पोखरा जादै छु। (Ma Po-kha-raa jaa-dai chhu.) |

| | |
|---|---|
| English- | Where do you want to get off? |
| Nepali- | तिमीलाई कहाँ झर्नु मन छ? (Ti-mi-lai kaa-haa jhar-nu man-chha?) |

## TRANSPORTATION

| | |
|---|---|
| English- | I'll get off here. |
| Nepali- | म यहाँ झर्छु। (Ma ya-haa jhar-chhu.) |

| | |
|---|---|
| English- | I'm getting off here. |
| Nepali- | म यहाँ झर्ने छु। (Ma ya-haa jhar-nay chhu.) |

| | |
|---|---|
| English- | I'll get off there. |
| Nepali- | म उता झर्छु। (Ma u-taa jhar-chhu.) |

| | |
|---|---|
| English- | Stop here! |
| Nepali- | यहाँ रोकनुस्! (Ya-haa rok-nus!) |

# TRANSPORTATION

## *Practice 9: Transportation*

English- Where does this_____go?

Nepali- यो_____कहाँ जान्छ? (Yo_____kaa-haa jaan-chha?)

| English- | Bus | Car | Vehicle |
|---|---|---|---|
| Nepali- | बस (Bus) | कार (Car) | गाडी (Ga-di) |

English- Does this bus go to_____?

Nepali- यो बस_____जान्छ? (Yo bus_____jaan-chha?)

| English- | Kathmandu | Pokhara | Chitwan |
|---|---|---|---|
| Nepali- | काठमाडौँ (Kath-man-du) | पोखरा (Po-kha-raa) | चितवन (Chit-wan) |

English- How much is the_____?

Nepali-_____-को कति हो? (_____-ko ka-ti- ho?)

## TRANSPORTATION

| English- | Tiket | Fare |
|---|---|---|
| Nepali- | टिकट (Ti-cut) | भाडा (Bha-da) |

English-_____rupees.

Nepali-_____रुपैयाँ। (_____ru-pai-yaa.)

| English- | 50 | 100 | 500 |
|---|---|---|---|
| Nepali- | पचास (Pa-chas) | एक सय (Ek sai) | पाँच सय (Pach sai) |

English- Is this seat_____?

Nepali- के यो सिट_____हो? (Ke yo seat_____ho?)

| English- | Taken | Empty |
|---|---|---|
| Nepali- | लिइएको (Li-ye-ko) | खाली (Kha-li) |

English- Can I sit_____?

Nepali- के म_____बस्न सक्छु? (Ke ma_____bas-na sakchhu?)

## TRANSPORTATION

| English- | Here | There |
|---|---|---|
| Nepali- | यहाँ<br>(Ya-haa) | त्यहाँ<br>(Tya-haa) |

English- Drop me off_____.

Nepali- मलाई_____छोड्नुहोस्। (Ma-lai_____ Chhod-nu-hos.)

| English- | Here | There |
|---|---|---|
| Nepali- | यहाँ<br>(Ya-haa) | त्यहाँ<br>(Tya-haa) |

English- Give me your bus_____.

Nepali- मलाई आफ्नो बस_____दिनुहोस्। (Ma-lai af-no bus_____di-nu-hos.)

| English- | Fare | Ticket |
|---|---|---|
| Nepali- | भाडा<br>(Bha-da) | टिकट<br>(Ti-cut) |

English- I'd like to travel_____.

Nepali- म_____यात्रा गर्न चाहन्छु। (Ma_____yat-raa gar-na chaa-haan-chhu.)

## TRANSPORTATION

| English- | Today | Tommorow | Day after tommorow |
|---|---|---|---|
| Nepali- | आज (Aa-ja) | भोलि (Bho-li) | पर्सी (Per-si) |

# Restaurants

| English- | Where are the good restaurants around here? |
|---|---|
| Nepali- | यहाँ तिर राम्रो रेस्टुरेन्टहरू कहाँ छ? (Ya-haa ti-ra ram-ro res-tu-rent-ha-ru kaa-haa chha?) |

| English- | Do you have free tables? |
|---|---|
| Nepali- | के तपाईंसँग खाली टेबलहरू छ? (Ke ta-pai-sang-ga kha-li ta-ble-ha-ru chha?) |

| English- | For how many? |
|---|---|
| Nepali- | कति जनाको लागि? (Ka-ti ja-naa-ko laa-gi?) |

## RESTAURANTS

| | |
|---|---|
| English- | For two people. |
| Nepali- | दुई जनाको लागि। (Dui ja-naa-ko laa-gi.) |

| | |
|---|---|
| English- | What can I do for you? |
| Nepali- | म हजुरको लागि के गर्न सक्छु? (Ma ha-jur-ko laa-gi ke gar-na sak-chhu?) |

| | |
|---|---|
| English- | Please give us the menu. |
| Nepali- | मेनु दिनुस्न। (Me-nu di-nus-na.) |

| | |
|---|---|
| English- | I want to order. |
| Nepali- | म अर्डर गर्न चाहन्छु। (Ma or-der gar-na chaa-haan-chhu.) |

| | |
|---|---|
| English- | Are you ready to take orders? |
| Nepali- | तपाईं अर्डर लिन तयार हुनुहुन्छ? (Ta-pai or-der li-na ta-yar hu-nu-hun-chha?) |

## RESTAURANTS

| | |
|---|---|
| English- | We are ready to take orders. |
| Nepali- | हामी अर्डर दिन तयार छौं। (Haa-mi or-der di-na ta-yar chhau.) |

| | |
|---|---|
| English- | He/she is ready to take order. |
| Nepali- | उ/उनी अर्डर दिन तयार छ। (Uh /uni or-der di-na ta-yar chha.) |

| | |
|---|---|
| English- | We are not ready to take orders. |
| Nepali- | हामी अर्डर दिन तयार छैन। (Haa-mi or-der di-na ta-yar chhai-na.) |

| | |
|---|---|
| English- | I'm not ready to take orders. |
| Nepali- | म अर्डर दिन तयार छैन। (Ma or-der di-na ta-yar chhai-na.) |

| | |
|---|---|
| English- | He/she is not ready to take order. |
| Nepali- | उ/उनी अर्डर दिन तयार छैन। (Uh /uni or-der di-na ta-yar chhai-na.) |

## RESTAURANTS

| | |
|---|---|
| English- | I'll come back again to take your order. |
| Nepali- | म हजुरको अर्डर लिन फेरी आउनेछु। (Ma ha-jur-ko or-der li-na fe-ri au-nay-chhu.) |

| | |
|---|---|
| English- | Bring us a glass of water. |
| Nepali- | हामीलाई एक गिलास पानी ल्याई दिनुस। (Haa-mi-lai ek glass paa-ni lyai di-nus.) |

| | |
|---|---|
| English- | Bring him/her a glass of water. |
| Nepali- | उसलाई /उनलाई एक गिलास पानी ल्याई दिनुस। (Us-lai /Un-lai ek glass paa-ni lyai di-nus.) |

| | |
|---|---|
| English- | A plate of mo:mo for me. |
| Nepali- | मेरो लागि एक प्लेट मो:मो। (Me-ro laa-gi ek plate mo-mo.) |

| | |
|---|---|
| English- | Same for me. |
| Nepali- | मलाई पनि तेही। (Ma-lai pa-ni te-hi.) |

## RESTAURANTS

| | |
|---|---|
| English- | A plate of chicken chowmein for me |
| Nepali- | मलाई एक प्लेट चिकन चौमिन। (Ma-lai ek plate chic-ken chow-mein.) |

| | |
|---|---|
| English- | A bowl of mushroom soup. |
| Nepali- | मलाई एउटा मसरूम सुप। (Ma-lai you-taa mush-room soup.) |

| | |
|---|---|
| English- | Do you want to eat chicken wings? |
| Nepali- | तपाई चिकनको पखेटा खानु हुन्छ? (Ta-pai chic-ken-ko pa-khe-taa kha-nu hun-chha?) |

| | |
|---|---|
| English- | What do you want for drinks? |
| Nepali- | ड्रिंक्स के पेउनु हुन्छ? (Drinks ke peu-nu hun-chha?) |

## RESTAURANTS

| | |
|---|---|
| English- | What would you like to drink? |
| Nepali- | तपाई के पिउन चाहनु हुन्छ? (Ta-pai ke peu-na chaa-haa-nu hun-chha?) |

| | |
|---|---|
| English- | I'll have a large Coke. |
| Nepali- | म एउटा लार्ज कोक लिन्छु। (Ma you-taa large coke lin-chhu.) |

| | |
|---|---|
| English- | I'll have a Fanta. |
| Nepali- | म एउटा फ्यान्टा लिन्छु। (Ma you-taa fan-taa lin-chhu.) |

| | |
|---|---|
| English- | For me, One orange juice. |
| Nepali- | मेरो लागि चाहिं एउटा ओरेन्ज जुस। (Me-ro laa-gi chai you-taa o-range juice.) |

| | |
|---|---|
| English- | That's all. |
| Nepali- | यति नै। (Ye-ti nai.) |

## RESTAURANTS

| English- | Here is your food. |
|---|---|
| Nepali- | यहाँ तपाईंको खाना छ। (Ya-haa ta-pai-ko khaa-naa chha.) |

| English- | Enjoy your meal. |
|---|---|
| Nepali- | मजाले खानुहोस्। (Ma-jaa-lay kha-nu-hos.) |

| English- | Is tasty. |
|---|---|
| Nepali- | मिठो छ। (Mi-tho chha.) |

| English- | Is nice. |
|---|---|
| Nepali- | राम्रो छ। (Ram-ro chha.) |

| English- | Is everything all right? |
|---|---|
| Nepali- | के सबै ठीक छ? (Ke sa-bai thi-kai chha?) |

## RESTAURANTS

| English- | Bring me another Coke again. |
|---|---|
| Nepali- | मलाई फेरी एउटा कोक ल्याइ दिनु। (Ma-lai fe-ri you-taa coke lyai di-nu.) |

| English- | Did you enjoy your meal? |
|---|---|
| Nepali- | खाना मजाले खानु भयो त? (Kha-naa ma-jaa-lay kha-nu bha-yo ta?) |

| English- | How much is the bill? |
|---|---|
| Nepali- | बिल कति भयो? (Bill ka-ti bha-yo?) |

| English- | Me too. |
|---|---|
| Nepali- | मलाई पनि। (Ma-lai pa-ni.) |

| English- | Thank you! The food was delicious! |
|---|---|
| Nepali- | धन्यवाद! खाना मिठो त्यो। (Dhan-ya-badh! Kha-naa mi-tho tyo.) |

# RESTAURANTS

## *Practice 10: Restaurants*

English- Where are the good_____around here?

Nepali- यहाँ तिर राम्रो_____कहाँ छ? (Ya-haa ti-ra ram-ro_____kaa-haa chha?)

| English- | Restaurants | Cafe |
|---|---|---|
| Nepali- | रेस्टुरेन्टहरू (Res-tu-rant-ha-ru) | क्याफे (Kya-phe) |

English- A table for_____.

Nepali-_____जनाको लागि एक टेबल। (_____ja-naa-ko laa-gi ek ta-ble.)

| English- | Two | Three | Four |
|---|---|---|---|
| Nepali- | दुई (Dui) | तीन (Tin) | चार (Char) |

English- I'd like to order_____.

Nepali- म_____अर्डर गर्न चाहन्छु। (Ma_____or-der gar-na chaa-haan-chhu.)

## RESTAURANTS

| English- | Food | Drinks | Ice-creams |
|---|---|---|---|
| Nepali- | खाना (Kha-naa) | ड्रिङ्क्स (Drinks) | आइसक्रिम (Ice-crea-ms) |

English- A plate of momo for_____.

Nepali-_____एक प्लेट मोमो। (_____ek plate mo-mo.)

| English- | Me | Him/Her | Us |
|---|---|---|---|
| Nepali- | मलाई (Ma-lai) | उसलाई (Us-lai)/ उनलाई (Un-lai) | हामीलाई (Haa-mi-lai) |

English-_____for me.

Nepali- मलाई_____। (Ma-lai_____.)

## RESTAURANTS

| English- | Dumplings | Lentils, Rice and curry | Noodles |
|---|---|---|---|
| Nepali- | मोमो (Mo-mo) | दाल (Daal), भात (bhat), तरकारी (Tar-kaa-ri) | चाउचाउ (Chau-chau) |

English- Bring_____a glass of water.

Nepali-_____एक गिलास पानी ल्याउनुहोस्। (_____ek ge-lass paa-ni lyau-nu-hos.)

| English- | Us | Me | Him/her |
|---|---|---|---|
| Nepali- | हामीलाई (Haa-mi-lai) | मलाई (Ma-lai) | उसलाई (Us-lai)/ उनलाई (Un-lai) |

English- Same for_____.

Nepali- _____पनि तेही। (_____paa-ni te-hi.)

## RESTAURANTS

| English- | Me | Him/her | Us |
|---|---|---|---|
| Nepali- | मलाई (Ma-lai) | उसलाई (Us-lai)/ उनलाई (Un-lai) | हामीलाई (Haa-mi-lai) |

English- That's all for_____.

Nepali- यति नै_____। (Ye-ti nai_____.)

| English- | Me | Him/her | Us |
|---|---|---|---|
| Nepali- | मलाई (Ma-lai) | उसलाई (Us-lai)/ उनलाई (Un-lai) | हामीलाई (Haa-mi-lai) |

English- Here is_____food.

Nepali- यहाँ_____खाना छ। (Ya-haa_____khaa-naa chha.)

## RESTAURANTS

| English- | Your | His/her | Our |
|---|---|---|---|
| Nepali- | तपाईंको (Ta-paii-ko) | उसको (Us-ko)/ उनको (Un-ko) | हाम्रो (Ham-ro) |

# Hotels

| English- | Hello! |
|---|---|
| Nepali- | नमस्ते! (Na-mas-te!) |

| English- | Do you have any room available? |
|---|---|
| Nepali- | के तपाईसँग कुनै कोठा उपलब्ध छ? (Ke ta-pai-sang-ga ku-nai ko-tha u-pa-lab-da chha?) |

| English- | Yes, It is available. |
|---|---|
| Nepali- | हजुर, उपलब्द छ। (Ha-jur, u-pa-lab-da chha.) |

## HOTELS

| | |
|---|---|
| English- | No, It is not available. |
| Nepali- | अहँ, उपलब्द छैन। (Ah-huh, u-pa-lab-da chhai-na.) |

| | |
|---|---|
| English- | Can I get a room? |
| Nepali- | एउटा कोठा पाइन्छकी? (You-taa ko-tha paa-iin-chha-ki?) |

| | |
|---|---|
| English- | Yes, you can get it. |
| Nepali- | हजुर, पाइन्छ। (Ha-jur, paa-iin-chha.) |

| | |
|---|---|
| English- | What is the check-in time? |
| Nepali- | चेकइनको समय कती बजे हो? (Check-in-ko sa-ma-ya ka-ti ba-jay ho?) |

| | |
|---|---|
| English- | What is the check-out time? |
| Nepali- | चेकआउटको समय कती बजे हो? (Check-out-ko sa-ma-ya ka-ti ba-jay ho?) |

## HOTELS

| | |
|---|---|
| English- | How much is it for a room? |
| Nepali- | एउटा कोठाको लागि कति हो? (You-taa ko-tha-ko laa-gi ka-ti ho?) |

| | |
|---|---|
| English- | How much is it per night? |
| Nepali- | एक रातको कति पैसा हो? (Ek raat-ko ka-ti pai-sa ho?) |

| | |
|---|---|
| English- | Is there a bathroom attached? |
| Nepali- | बाथरूम पनि जोडेको छ की? (Bath-room pa-ni jo-de-ko chha ki?) |

| | |
|---|---|
| English- | Yes, it is. |
| Nepali- | हजुर छ। (Ha-jur chha.) |

| | |
|---|---|
| English- | No, it's not. |
| Nepali- | अहँ, छैन। (Ah-huh, chhai-na.) |

## HOTELS

| English- | Is it okay to check the room? |
|---|---|
| Nepali- | कोठा हेर्न मिल्छ? (Ko-tha her-na mil-chha?) |

| English- | You can. |
|---|---|
| Nepali- | मिल्छ। (Mil-chha.) |

| English- | You can't. |
|---|---|
| Nepali- | मिल्दैन। (Mil-dai-na.) |

| English- | For how many people? |
|---|---|
| Nepali- | कती जना मान्छेको लागि हो? (Ka-ti ja-naa maan-che ko laa-gi ho?) |

| English- | For 1/2/3/4 people. |
|---|---|
| Nepali- | एक/ दुई/ तिन/ चार जना मान्छेको लागि हो। (Ek/ Dui/ Tin/ Char ja-naa man-che ko laa-gi ho.) |

## HOTELS

| | |
|---|---|
| English- | Is food also available here? |
| Nepali- | यहाँ खाना पनि पाऊ छ? (Ya-haa kha-naa pa-ni paau-chha?) |

| | |
|---|---|
| English- | Yes, It's available. |
| Nepali- | हजुर, पाउ छ। (Ha-jur, paau-chha.) |

| | |
|---|---|
| English- | No, It's not available. |
| Nepali- | अहँ पाउदैन। (Ah-huh, paau-dai-na.) |

| | |
|---|---|
| English- | Here's the key. |
| Nepali- | चाबी यहाँ छ। (Chaa-bi ya-haa chha.) |

| | |
|---|---|
| English- | Take the key. |
| Nepali- | चाबी लिनुस्। (Chaa-bi li-nus.) |

# HOTELS

## *Practice 11: Hotels*

English- Do you have_____room available?

Nepali- के तपाईसँग_____कोठा उपलब्ध छ? (Ke ta-pai-sang-ga_____ko-tha u-pa-lab-da chha?)

| English- | Any | One |
|---|---|---|
| Nepali- | कुनै (Ku-nai) | एउटा (You-taa) |

English- Do you have space/room for_____?

Nepali- तपाईसँग_____जनालाई ठाउ छ? (Ta-pai sang-ga _____ja-naa-lai thau chha?)

| English- | Two | Three | Four |
|---|---|---|---|
| Nepali- | दुई (Dui) | तीन (Tin) | चार (Char) |

English-_____is available.

Nepali-_____उपलब्ध छ। (_____u-pa-lab-da chha.)

## HOTELS

| English- | One | Two | Three |
|---|---|---|---|
| Nepali- | एउटा (You-taa) | दुईटा (Dui-taa) | तीनटा (Tin-taa) |

English- How much is it for_____rooms?

Nepali-_____कोठाको लागि कति हो? (_____ko-tha-ko laa-gi ka-ti ho?)

| English- | Two | Three | Four |
|---|---|---|---|
| Nepali- | दुईटा (Dui-taa) | तीनटा (Tin-taa) | चार ओटा (Char-otaa) |

English- How much is it for_____people?

Nepali-_____जनालाई कति हो? (_____ja-naa-lai ka-ti ho?)

| English- | Two | Three | Four |
|---|---|---|---|
| Nepali- | दुई (Dui) | तीन (Tin) | चार (Char) |

## HOTELS

English- For one person it's Rs_____per night.

Nepali- एक रातको एक जनालाई_____रुपैयाँ हो। (Ek raat-ko ek ja-naa-lai_____ru-pai-ya ho.)

| English- | One thousand | One thousand five hundred | Two thousand |
|---|---|---|---|
| Nepali- | एक हजार (Ek ha-jaar) | एक हजार पाँच सय (Ek ha-jaar pach-sai) | दुई हजार (Dui ha-jaar) |

English- For_____people, it's Rs 1500 per night.

Nepali- एक रातको_____जनालाई एक हजार पाँच सय रुपैयाँ हो। (Ek raat-ko_____ja-naa-lai ek ha-jar pach-sai ru-pai-ya ho.)

| English- | Two | Three | Four |
|---|---|---|---|
| Nepali- | दुई (Dui) | तीन (Tin) | चार (Char) |

## HOTELS

English- Can you give me another_____?

Nepali- के मलाई अर्को_____दिन सक्नु हुन्छ? (Ke ma-lai ar-ko_____di-na sak-nu-hun-chha?)

| English- | Blanket | Pillow | Towel |
|---|---|---|---|
| Nepali- | सिरक (Si-rak) | सिरानी (Si-ra-ni) | तौलिया (Tau-li-ya) |

English- I'd like to book a room for_____.

Nepali- म_____लागि कोठा बुक गर्न चाहन्छु। (Ma_____ laa-gi ko-tha book gar-na chaa-haan-chhu.)

| English- | Two days | One week | Two weeks |
|---|---|---|---|
| Nepali- | दुई दिनको (Dui din-ko) | एक हप्ताको (Ek hap-taa-ko) | दुई हप्ताको (Dui hap-taa-ko) |

# Trekking

| | |
|---|---|
| English- | I am fine. |
| Nepali- | म ठिक छु। (Ma thik chhu.) |

| | |
|---|---|
| English- | I am sick. |
| Nepali- | म बिरामी छु। (Ma bi-raa-mi chhu.) |

| | |
|---|---|
| English- | I am tired. |
| Nepali- | मलाई थकाई लाग्यो। (Ma-laai tha-kaai laa-gyo.) |

| | |
|---|---|
| English- | I am hungry. |
| Nepali- | मलाई भोक लाग्यो। (Ma-laai bhok laa-gyo.) |

## TREKKING

| | |
|---|---|
| English- | I am sleepy. |
| Nepali- | मलाई सुत्न मन लाग्यो। (Ma-laai sut-na man laa-gyo.) |

| | |
|---|---|
| English- | I am not feeling good. |
| Nepali- | मलाई सन्चो छैन। (Ma-laai san-cho chhai-na.) |

| | |
|---|---|
| English- | I cannot walk. |
| Nepali- | म हिड्न सक्दिन। (Ma hid-na sak-di-na.) |

| | |
|---|---|
| English- | It is too difficult. |
| Nepali- | यो सारै गारो रहेछ। (Yo saa-rai gaa-ro ra-he-chha.) |

| | |
|---|---|
| English- | It is easy. |
| Nepali- | यो सजिलो छ। (Yo sa-ji-lo chha.) |

# TREKKING

| English- | Uphill/steep up |
|---|---|
| Nepali- | उकालो बाटो। (Ukaa-lo baa-to) |

| English- | Downhill/steep down |
|---|---|
| Nepali- | ओरालो बाटो। (Oraa-lo baa-to) |

| English- | How long does it take? |
|---|---|
| Nepali- | अब कति समय लाग्छ? (Aba ka-ti sa-ma-ya laag-chha?) |

| English- | It takes four hours. |
|---|---|
| Nepali- | अब चार घण्टा लाग्छ। (Aba char ghan-taa laag-chha.) |

| English- | How far is it? |
|---|---|
| Nepali- | अब कति टाढा छ? (Aba kati taa-dhaa chha?) |

## TREKKING

| | |
|---|---|
| English- | It is about four kilometres. |
| Nepali- | अन्दाजी चार किलोमीटर जति छ। (An-daa-ji char ki-lo-mi-tar ja-ti chha.) |

| | |
|---|---|
| English- | Is the Hotel close or far? |
| Nepali- | होटेल नजिक छ कि टाढा? (Ho-tel na-jik chha ki ta-dhaa?) |

| | |
|---|---|
| English- | Do you speak English/Nepali? |
| Nepali- | के तपाई अंग्रेजी/नेपाली बोल्नु हुन्छ? (Ke ta-pai ang-re-ji/Ne-paa-li bol-nu hun-chha?) |

| | |
|---|---|
| English- | Yes, I speak both English and Nepali a bit. |
| Nepali- | हजुर म दुबै अलि अलि बोल्छु। (Ha-jur, ma du-bai ali ali bol-chhu.) |

## TREKKING

| English- | Do you have room for two? |
|---|---|
| Nepali- | तपाईं संग दुई जानालाई रूम छ? (Ta-pai-sang-ga dui ja-naa-laai room chha?) |

| English- | Is there a hot water shower? |
|---|---|
| Nepali- | के यहाँ तातो पानीको सावर छ? (Ke ya-haa taa-to paa-ni ko saa-war chha?) |

| English- | Can you give me an extra blanket? |
|---|---|
| Nepali- | के मलाई अर्को सिरक दिन सक्नु हुन्छ? (Ke ma-laai ar-ko si-rak di-na sak-nu-hun-chha?) |

| English- | Can I warm myself with the fire? |
|---|---|
| Nepali- | के म आगो ताप्न सक्छु? (Ke ma aa-go taap-na sak-chhu?) |

## TREKKING

| | |
|---|---|
| English- | Can I get a cup of hot water? |
| Nepali- | के म एक कप तातो पानी पाउन सक्छु? (Ke ma ek cup taa-to paa-ni paau-na sak-chhu?) |

| | |
|---|---|
| English- | Can I have lunch/dinner? |
| Nepali- | के म लन्च/डिनर खान सक्छु? (Ke ma lunch/dinner khaa-na sak-chhu?) |

| | |
|---|---|
| English- | Have a good day |
| Nepali- | तपाईको दिन सुभ रहोस्। (Ta-pai-ko din su-bha ra-hos!) |

| | |
|---|---|
| English- | Have a pleasant journey. |
| Nepali- | तपाईको यात्रा सुभ रहोस्। (Ta-pai-ko yaa-tra su-bha ra-hos.) |

| | |
|---|---|
| English- | Road |
| Nepali- | सडक (Sa-dak) |

## TREKKING

| | |
|---|---|
| English- | River/stream |
| Nepali- | खोला (Kho-laa) |

| | |
|---|---|
| English- | Bridge/Hanging bridge |
| Nepali- | पुल (Pul) |

| | |
|---|---|
| English- | Forest/Jungle |
| Nepali- | बन (Bun) |

| | |
|---|---|
| English- | Farming field |
| Nepali- | खेत बारी (Khet baa-ri) |

| | |
|---|---|
| English- | Hot water/Cold water |
| Nepali- | तातो पानी/चिसो पानी (Taa-to paa-ni /Chi-so Paa-ni) |

## TREKKING

| | |
|---|---|
| English- | Black Tea/Milk Tea |
| Nepali- | कालो चिया/दुध चिया (Kaa-lo chi-yaa/Dudh chi-yaa) |

| | |
|---|---|
| English- | Black Coffee/Milk Coffee |
| Nepali- | कालो कफी/दुध कफी (Kaa-lo ka-fi/Dudh ka-fi) |

| | |
|---|---|
| English- | Blanket |
| Nepali- | सिरक (Si-rak) |

| | |
|---|---|
| English- | Breakfast/Snack |
| Nepali- | खाजा (Kha-jaa) |

| | |
|---|---|
| English- | Meat |
| Nepali- | मासु (Maa-su) |

| | |
|---|---|
| English- | Vegetables |
| Nepali- | तरकारी (Tar-kaa-ri) |

## TREKKING

### *Practice 12: Trekking*

English- Are you_____?

Nepali- के तपाई_____हुनुहुन्छ? (Ke ta-pai_____ hu-nu-hun-chha?)

| English- | Fine | Tired | Sick |
|---|---|---|---|
| Nepali- | ठिक (Thik) | थकित (Tha-kit) | बिरामी (Bi-raa-mi) |

English- I cannot_____.

Nepali- म_____सक्दिन। (Ma_____sak-di-na)

| English- | Walk | Go | Eat |
|---|---|---|---|
| Nepali- | हिड्न (Hid-na) | जान (Jaa-na) | खाना (Khaa-na) |

English- I am_____.

Nepali- म_____छु। (Ma_____chhu)

## TREKKING

| English- | Fine | Tired | Sick |
|---|---|---|---|
| Nepali- | ठिक (Thik) | थकित (Tha-kit) | बिरामी (Bi-raa-mi) |

English- It takes_____hours.

Nepali- अब_____घण्टा लाग्छ। (Aba_____ghan-taa laag-chha.)

| English- | One | Seven | Ten |
|---|---|---|---|
| Nepali- | एक (Ek) | सात (Sath) | दस (Das) |

English- It is about_____kilometres.

Nepali- अन्दाजी_____किलोमीटर जति छ। (An-daa-ji_____ ki-lo-mi-tar ja-ti chha.)

| English- | Two | Three | Four |
|---|---|---|---|
| Nepali- | दुई (Dui) | तीन (Tin) | चार (Char) |

## TREKKING

English- Do you have room for _____?

Nepali- तपाई संग_____जानालाई रूम छ? (Ta-pai-sang-ga_____ja-naa-laai room chha?)

| English- | Two | Three | Four |
|---|---|---|---|
| Nepali- | दुई (Dui) | तीन (Tin) | चार (Char) |

English- I'd like to book a room for_____.

Nepali- म_____लागि कोठा बुक गर्न चाहन्छु। (Ma_____laa-gi ko-tha book gar-na chaa-haan-chhu.)

| English- | Two days | One week | Two weeks |
|---|---|---|---|
| Nepali- | दुई दिनको (Dui din-ko) | एक हप्ताको (Ek hap-taa-ko) | दुई हप्ताको (Dui hap-taa-ko) |

English- Can you give me another_____?

Nepali- के मलाई अर्को_____दिन सक्नु हुन्छ? (Ke ma-lai ar-ko_____di-na sak-nu-hun-cha?)

## TREKKING

| English- | Blanket | Pillow | Towel |
|---|---|---|---|
| Nepali- | सिरक (Si-rak) | सिरानी (Si-ra-ni) | तौलिया (Tau-li-ya) |

English- Can I get a cup of _____ water?

Nepali- के म एक कप _____ पानी पाउन सक्छु? (Ke ma ek cup _____ paa-ni paau-na sak-chhu?)

| English- | Hot | Cold |
|---|---|---|
| Nepali- | तातो (Taa-to) | चिसो (Chi-so) |

# Common Daily Phrases

| | |
|---|---|
| English- | Hello |
| Nepali- | नमस्ते (Na-mas-te) |

| | |
|---|---|
| English- | How are you? |
| Nepali- | सन्चै/ सन्चै हुनुहुन्छ? (San-chai or San-chai hu-nu-hun-chha?) |

| | |
|---|---|
| English- | It's alright. |
| Nepali- | ठिकै छ। (Thi-kai chha.) |

## COMMON DAILY PHRASES

| | |
|---|---|
| English- | What you've been doing nowadays? |
| Nepali- | आजकल के गर्दैछौ? (Aj-kal ke gar-dai chhau?) |

| | |
|---|---|
| English- | I'm learning the Nepali language. |
| Nepali- | म नेपाली भाषा सिक्दै छु। (Ma ne-paa-li bha-sa sik-dai chhu.) |

| | |
|---|---|
| English- | What are you doing now? |
| Nepali- | के गर्दैछौ अहिले? (Ke gar-dai-chhau a-hi-lay?) |

| | |
|---|---|
| English- | Nothing at all, just relaxing! |
| Nepali- | केहि नै, येतिकै आराम गर्दै। (Ke-hi naii, ye-ti-kai aa-ram gar-dai.) |

| | |
|---|---|
| English- | What is he/she doing now? |
| Nepali- | के गर्दै छ उ /उनी अहिले? (Ke gar-dai chha uh/uni a-hi-lay?) |

## COMMON DAILY PHRASES

| | |
|---|---|
| English- | Nothing at all, just sitting. |
| Nepali- | केहि नै, येतिकै बस्दै छ। (Ke-hi naii, Ye-ti-kai bas-dai chha.) |

| | |
|---|---|
| English- | And you? |
| Nepali- | अनि तिमी? (A-ni ti-mi?) |

| | |
|---|---|
| English- | Just chilling. |
| Nepali- | यतिकै रमाईलो गर्दै। (Eti-kai ra-mai-lo gar-dai.) |

| | |
|---|---|
| English- | Have you eaten your breakfast? |
| Nepali- | तिमीले आफ्नो नास्ता खायो? (Ti-mi-lay af-no naas-taa kha-yo?) |

| | |
|---|---|
| English- | Yes, I have eaten it and you? |
| Nepali- | अ खायो अनि तिमीले? (Ah kha-yo a-ni ti-mi-lay?) |

## COMMON DAILY PHRASES

| | |
|---|---|
| English- | Yes, I have eaten it as well. |
| Nepali- | अ मैले पनि खायो। (Ah mai-lay pa-ni kha-yo.) |

| | |
|---|---|
| English- | No, I have not eaten my breakfast yet and you? |
| Nepali- | अहँ मैले अहिले सम्म नास्ता खाएको छैन अनि तिमीले? (Ah-huh mai-lay a-hile sam-ma naas-taa kha-ye-ko chhai-na ani ti-mi-lay?) |

| | |
|---|---|
| English- | No, I have not eaten it as well. |
| Nepali- | अहँ मैले पनि खाएको छैन। (Ah-huh mai-lay pa-ni kha-ye-ko chhai-na.) |

| | |
|---|---|
| English- | Have you eaten your lunch? |
| Nepali- | खाजा खायो तिमीले? (Kha-jaa kha-yo ti-mi-lay?) |

## COMMON DAILY PHRASES

| | |
|---|---|
| English- | Yes. I've eaten my lunch and you? |
| Nepali- | अ ,मैले खाजा खायो अनि तिमीले? (Ah, mai-lay kha-jaa kha-yo ani ti-mi-lay?) |

| | |
|---|---|
| English- | Yes. I've eaten my lunch too. |
| Nepali- | अ ,मैले पनि खाजा खायो। (Ah, mai-lay pa-ni kha-jaa kha-yo.) |

| | |
|---|---|
| English- | No. I've not eaten my lunch, and you? |
| Nepali- | अहँ ,मैले खाजा खाएको छैन अनि तिमीले? (Ah-huh, mai-lay kha-jaa kha-ye-ko chhai-na ani ti-mi-lay?) |

| | |
|---|---|
| English- | No. I've not eaten my lunch too. |
| Nepali- | अहँ ,मैले पनि खाजा खाएको छैन (Ah-huh, mai-lay pa-ni kha-jaa kha-ye-ko chhai-na.) |

## COMMON DAILY PHRASES

| | |
|---|---|
| English- | Have you eaten your dinner? |
| Nepali- | बेलुकाको भात खायो तिम्ले? (Be-lu-kaa-ko bhat kha-yo tim-lay?) |

| | |
|---|---|
| English- | Yes. I've eaten my dinner and you? |
| Nepali- | अ मैले बेलुकाको भात खायो अनि तिम्ले? (Ah, mai-lay be-lu-kaa-ko bhat kha-yo a-ni tim-lay?) |

| | |
|---|---|
| English- | Yes. I've eaten my dinner too. |
| Nepali- | अ मैले पनि बेलुकाको भात खाए। (Ah, mai-lay pa-ni be-lu-kaa-ko bhat khaye.) |

| | |
|---|---|
| English- | No. I've not eaten my dinner and you? |
| Nepali- | अहँ मैले बेलुकाको भात खाएको छैन अनि तिम्ले? (Ah-huh, mai-lay be-lu-kaa-ko bhat kha-ye-ko chhai-na a-ni tim-lay?) |

## COMMON DAILY PHRASES

| | |
|---|---|
| English- | No. I've not eaten my dinner too. |
| Nepali- | अहँ मैले पनि बेलुकाको भात खाएको छैन। (Ah-huh, mai-lay pa-ni be-lu-kaa-ko bhat kha-ye-ko chhai-na.) |

| | |
|---|---|
| English- | Please come to my house by arranging the time. |
| Nepali- | समय मिलाएर मेरो घरमा आउनुसन। (Sa-ma-ya mi-la-ye-ra me-ro ghar-maa au-nus-na.) |

| | |
|---|---|
| English- | Please don't hurry. |
| Nepali- | हतार नगर्नुस्न। (Ha-taar na-gar-nus-na.) |

| | |
|---|---|
| English- | One moment. |
| Nepali- | एक छिन् है। (Ek-chhin hai.) |

| | |
|---|---|
| English- | Just a while. |
| Nepali- | केही समय मात्र। (Ke-hi sa-ma-ya maat-ra.) |

## COMMON DAILY PHRASES

| | |
|---|---|
| English- | I completely forgot. |
| Nepali- | मैलेत भुसुक्कै बिर्सें। (Mai-lay-ta bhu-suk-kai bir-say.) |

| | |
|---|---|
| English- | Please forgive me. |
| Nepali- | मलाई माफ गर्नुस। (Ma-lai maaf gar-nus.) |

| | |
|---|---|
| English- | Please don't be angry with me. |
| Nepali- | म संग नरिसाउनुस है। (Ma sang-ga na-ri-sau-nus hai.) |

| | |
|---|---|
| English- | No problem. |
| Nepali- | केही छैन। (Ke-hi chhai-na.) |

| | |
|---|---|
| English- | Don't worry. |
| Nepali- | चिन्ता नगर्नुस। (Chin-taa na-gar-nus.) |

## COMMON DAILY PHRASES

| | |
|---|---|
| English- | It might rain today. |
| Nepali- | आज पानी पर्न सक्छ। (Aa-ja paa-ni par-na sak-chha.) |

| | |
|---|---|
| English- | It might be sunny today. |
| Nepali- | आज घाम लाग्न सक्छ। (Aa-ja gham laag-na sak-chha.) |

| | |
|---|---|
| English- | It might be cold today. |
| Nepali- | आज चिसो हुन सक्छ। (Aa-ja chi-so hu-na sak-chha.) |

| | |
|---|---|
| English- | It might be hot today. |
| Nepali- | आज गर्मी हुन सक्छ। (Aa-ja gar-mi hu-na sak-chha.) |

## COMMON DAILY PHRASES

| | |
|---|---|
| English- | That shop might be closed now. |
| Nepali- | त्यो पसल अहिले बन्द हुन सक्छ। (Tyo pa-sal a-hi-lay ban-da hu-na sak-chha.) |

| | |
|---|---|
| English- | Is it true? |
| Nepali- | साच्चै हो? (Sach-chai ho?) |

| | |
|---|---|
| English- | Is it sure? |
| Nepali- | पक्का हो? (Pak-kaa ho?) |

| | |
|---|---|
| English- | Maybe. |
| Nepali- | हुन सक्छ। (Hu-na sak-chha.) |

| | |
|---|---|
| English- | It's not sure. |
| Nepali- | निश्चित छैन। (Nis-chit chhai-na.) |

## COMMON DAILY PHRASES

| | |
|---|---|
| English- | It's raining today. |
| Nepali- | आज पानी पर्दैं छ। (Aa-ja paa-ni par-dai chha.) |

| | |
|---|---|
| English- | It's cold today. |
| Nepali- | आज जाडो छ। (Aa-ja jaa-do chha.) |

| | |
|---|---|
| English- | It's hot today. |
| Nepali- | आज गर्मी छ। (Aa-ja gar-mi chha.) |

| | |
|---|---|
| English- | Are you alright? |
| Nepali- | तिमी ठिक छौ? (Ti-mi thik chhau?) |

| | |
|---|---|
| English- | I'm alright and you? |
| Nepali- | म ठिक छु अनि तिमी? (Ma thik chhu a-ni ti-mi?) |

## COMMON DAILY PHRASES

| | |
|---|---|
| English- | I am hungry. |
| Nepali- | मलाई भोक लाग्यो। (Ma-lai bhok laa-gyo.) |

| | |
|---|---|
| English- | I do not know what to say. |
| Nepali- | के भनुँ र खै? (Ke bha-nu ra khai.) |

| | |
|---|---|
| English- | I'm confused. |
| Nepali- | म दोधारमा छु। (Ma do-dhar-maa chhu.) |

| | |
|---|---|
| English- | I'm in stress. |
| Nepali- | म तनावमा छु। (Ma ta-nav-maa chhu.) |

| | |
|---|---|
| English- | I'm thinking. |
| Nepali- | म सोचिरहेको छु। (Ma so-chi-ra-he-ko chhu.) |

## COMMON DAILY PHRASES

| | |
|---|---|
| English- | That's ok. |
| Nepali- | ठिकै छ। (Thi-kai chha.) |

| | |
|---|---|
| English- | I'll take full responsibility. |
| Nepali- | म पूर्ण जिम्मेवारी लिन्छु। (Ma pur-na jim-may-waa-ri lin-chhu.) |

| | |
|---|---|
| English- | Please do what he says. |
| Nepali- | उहाँले भनेको मान्नुस्न। (U-haa-le bha-ne-ko maan-nus-na.) |

| | |
|---|---|
| English- | I'm stuck here. |
| Nepali- | म अड्किएको छु एता। (Ma ad-ki-ye-ko chhu ye-taa.) |

| | |
|---|---|
| English- | Please stay ready. |
| Nepali- | तयार भएर बस्नुस है। (Ta-yaar bha-ye-ra bas-nus hai.) |

## COMMON DAILY PHRASES

| | |
|---|---|
| English- | You're welcome! |
| Nepali- | तपाईलाई स्वागत छ! (Ta-pai-lai swa-gat chha!) |

| | |
|---|---|
| English- | Don't worry about it. |
| Nepali- | यसको बारेमा चिन्ता नगर्नुहोस्। (Yes-ko baa-ray-maa chin-taa na-gar-nu-hos.) |

| | |
|---|---|
| English- | Which way is the restaurant? |
| Nepali- | रेस्टुरेन्ट जाने बाटो कुन हो? (Res-tu-rant jaa-ne baa-toe kun ho?) |

| | |
|---|---|
| English- | Can you say that again? |
| Nepali- | त्यो फेरी भन्न सक्नु हुन्छ? (T-yo fe-ri bhan-na sak-nu hun-chha?) |

## COMMON DAILY PHRASES

| English- | Will you say that again? |
|---|---|
| Nepali- | त्यो फेरी भन्नुस्न? (T-yo fe-ri bhan-nus-na?) |

| English- | I'm in a hurry. |
|---|---|
| Nepali- | मलाई धेरै हतार भयो। (Ma-lai dhe-rai ha-taar bha-yo.) |

| English- | We are in a hurry. |
|---|---|
| Nepali- | हामीलाई धेरै हतार भयो। (Haa-mi-lai dhe-rai ha-taar bha-yo.) |

| English- | I'm going. |
|---|---|
| Nepali- | म जाँदै छु। (Ma jaa-dai-chhu.) |

| English- | Nice to see you. |
|---|---|
| Nepali- | तिमीलाई भेटेर खुसी लाग्यो। (Ti-mi-lai bhe-te-ra khu-si la-gyo.) |

## COMMON DAILY PHRASES

| | |
|---|---|
| English- | See you later. |
| Nepali- | पछि भेटुम्ला। (Pa-chhi bhe-tum-laa.) |

| | |
|---|---|
| English- | See you soon. |
| Nepali- | चाँडै भेटुम्ला। (Chaa-dai bhe-tum-laa.) |

| | |
|---|---|
| English- | See you again. |
| Nepali- | फेरी भेटुम्ला। (Fe-ri bhe-tum-laa.) |

| | |
|---|---|
| English- | See you tommorow again. |
| Nepali- | फेरी भोलि भेटुम्ला। (Fe-ri bho-li bhe-tum-laa.) |

| | |
|---|---|
| English- | Please stay nicely/safely. |
| Nepali- | राम्रो संग बस्नुस है। (Ram-ro sang-ga bas-nus hai.) |

# Vocabulary and Extras

## *Direction-* दिशा *(Di-saa)*

- East- पूर्व (Pur-ba)
- West- पश्चिम (Pas-chim)
- North- उत्तर (U-tar)
- South- दक्षीण (Da-chin)
- Left- देब्रे /बायाँ (Deb-ray /Baa-yaa)
- Right- दाहिने /दायाँ (Daa-hi-nay /Daa-yaa)
- Middle- बीचमा (Bich-maa)
- Straight- सीधा (Si-dha)
- Road- सडक (Sa-dak)

## VOCABULARY AND EXTRAS

## *Weather-* मौसम *(Maou-sam)*

- Hot- गर्मि (Gar-mi)
- Warm- न्यानो (Nya-no)
- Cold- चिसो (Chi-so)
- Foggy- कुहिरो (Ku-hi-ro)
- Rainy- पानी परेको (Paa-ni pa-re-ko)
- Snowy- हिउँ परेको (Heu Pa-re-ko)
- Cloudy- बादल (Baa-dal)

### *Example-*

→ It's Hot today- आज गर्मि छ। (Aa-ja gar-mi chha.)

→ It's Warm today- आज न्यानो छ। (Aa-ja nya-no chha.)

→ It's Cold today- आज चिसो छ। (Aa-ja chi-so chha.)

→ It's Foggy today- आज कुहिरो छ। (Aa-ja ku-hi-ro chha.)

→ It's Rainy today- आज पानी परेको छ। (Aa-ja paa-ni pa-re-ko chha.)

## VOCABULARY AND EXTRAS

→ It's Snowy today- आज हिउँ परेको छ। (Aa-ja heu pa-re-ko chha.)

→ It's cloudy today- आज बादल छ। (Aa-ja baa-dal chha.)

## <u>*Seasons-* ऋतुहरु *(Ri-tu-ha-ru)*</u>

- Spring season- बसन्त ऋतु (Ba-san-ta Ri-tu)
- Summer season- ग्रीष्म ऋतु (Grish-ma Ri-tu)
- Rainy season- वर्षा ऋतु (Bar-sha Ri-tu)
- Autumn season- शरद ऋतु (Sha-rad Ri-tu)
- Pre-winter season- हेमन्त ऋतु (Hey-man-ta Ri-tu)
- Winter season- शिशिर ऋतु (Shi-shir Ri-tu)

### *<u>Example-</u>*

→ Now, We are in spring season- अहिले हामी बसन्त ऋतुमा छौं। (A-hi-le haa-mi ba-san-ta ri-tu maa chhau.)

→ Now, We are in Summer season- अहिले हामी ग्रीष्म ऋतुमा छौं। (A-hi-le haa-mi grish-ma ri-tu maa chhau.)

## VOCABULARY AND EXTRAS

→ Now, We are in Rainy season- अहिले हामी वर्षा ऋतुमा छौं। (A-hi-le haa-mi bar-sha ri-tu maa chhau.)

→ Now, We are in Autumn season- अहिले हामी शरद ऋतुमा छौं। (A-hi-le haa-mi sha-rad ri-tu maa chhau.)

→ Now, We are in Pre-winter season- अहिले हामी हेमन्त ऋतुमा छौं। (A-hi-le haa-mi hey-man-ta ri-tu maa chhau.)

→ Now, We are in Winter season- अहिले हामी शिशिर ऋतुमा छौं। (A-hi-le haa-mi shi-shir ri-tu maa chhau.)

## *Relation- सम्बन्ध (Sam-ban-dha)*

- Father- बुवा (Bu-waa)
- Mother- आमा (Aa-ma)
- Son- छोरा (Chho-raa)
- Daughter- छोरी (Chho-ri)
- Younger Brother- भाई (Bhai)

## VOCABULARY AND EXTRAS

- Elder Brother- दाई (Dai)
- Younger Sister- बहिनी (Ba-hi-ni)
- Elder Sister- दिदी (Di-di)
- Siblings- दाजुभाई (Daa-ju-bhai)
- Husband- लोग्ने (Log-nay)
- Wife- स्वास्नी (Swas-ni)
- Spouse- जीवनसाथी (Ji-van-saa-thi)
- Fiance- मंगेतर (Mang-gay-tar)
- Grandson- नाति (Naa-ti)
- Grand daughter- नातिनी (Naa-ti-ni)
- Grandfather- हजुरबुवा (Ha-jur-bu-wa)
- Grandmother- हजुरआमा (Ha-jur-aa-maa)
- Father in law- ससुरा (Sa-su-raa)
- Mother- in- law- सासू (Saa-su)
- Son-in-law- ज्वाई (Ju-wai)
- Daughter-in-law- बुहारी (Bu-haa-ri)
- Friend- साथी (Saa-thi)
- Relative- आफन्त (Aa-phan-ta)

## VOCABULARY AND EXTRAS

- Guest- पाहुना (Pa-hu-naa)
- Children- बच्चाबच्यी (Bach-chaa-bach-chi)

## *Occupation-* पेशा *(Pe- saa)*

- Accountant- लेखापाल (Le- kha- paal)
- Actor- अभिनेता (A-bhi-ne-ta)
- Actress- अभिनेत्री (A-bhi-ne-tri)
- Advocate- अधिवक्ता (A-dhi-vak-ta)
- Agent- एजेन्ट (Ej-ent)
- Artist- कलाकार (Ka-laa-kaar)
- Auctioneer- लिलामी (Li-laa-mi)
- Author- लेखक (Le-khak)
- Baker- बेकर (Bay-kar)
- Barber- हजाम (Ha-jam)
- Betel Seller- सुपारी विक्रेता (Su-paa-ri bi-kre-taa)
- Blacksmith- लोहार (Lo-haar)
- Book Binder- पुस्तक बाइन्डर (Pus-tak bin-der)
- Broker- दलाल (Da-lal)

## VOCABULARY AND EXTRAS

- Bus driver- बस चालक (Bus chaa-lak)
- Butcher- कसाई (Ka-sai)
- Butler- बटलर (Bu-ta-lar)
- Carpenter- सिकर्मी (Si-kar-mi)
- Carrier- वाहक (Baa-hak)
- Cashier- खजांची (Kha-jaan-chi)
- Chemist- रसायन विज्ञ (Ra-saa-yan big-ya)
- Cleaner- सफा गर्ने (Sa-pha gar-ne)
- Coachman- प्रशिक्षक (Pra-sik-sak)
- Contractor- ठेकेदार (Thae-ke-daar)
- Cook- पकाउने मान्छे (Pa-kau-nay maan-chey)
- Craftsman- शिल्पकार (Sil-pa-kaar)
- Dancer- नर्तक (Nar-thak)
- Dentist- दन्त चिकित्सक (Dan-tah chi-kit-sak)
- Doctor- चिकित्सक (Chi-kit-sak)
- Dramatist- नाटककार (Naa-tak-kaar)
- Editor- सम्पादक (Sum-paa-dak)
- Electrician- इलेक्ट्रिशियन (e-lek-tri-si-yan)

## VOCABULARY AND EXTRAS

- Engineer- ईन्जिनियर (In-ji-ni-yar)
- Examiner- परीक्षक (Pa-rik-chyak)
- Farmer- किसान (Ki-saan)
- Fireman- फायरम्यान (Fire-myan)
- Fisherman- मछुवा (Ma-chhua)
- Florist- फूलवाला (Phul-wala)
- Gardener- माली (Maa-li)
- Goldsmith- सुनार (Su-naa-ra)
- Green Vendor- हरियो विक्रेता (Ha-ri-yo Bi-kre-taa)
- Inspector- निरीक्षक (Ni-rik-chyaak)
- Jeweller- गहने (Ga-ha-nay)
- Journalist- पत्रकार (Pat-ra-kar)
- Judge- न्यायाधीश (Nya-ya-dhis)
- Labourer- मजदुर (Maj-dur)
- Landlord- घर धनी (Ghar dha-ni)
- Lawyer- वकिल (Wa-kil)
- Lecturer- व्याख्याता (Bya-khya-taa)
- Magician- जादुगर (Jaa-du-gar)

## VOCABULARY AND EXTRAS

- Manager- प्रबन्धक (Pra-ban-dhak)
- Mechanic- मेकानिक (May-kaa-nik)
- Merchant- व्यापारी (Bya-paa-ri)
- Midwife- सुँडेनी (Su-de-ni)
- Milkman- दूधवाला (Dudh-waa-laa)
- Minister- मन्त्री (Man-tri)
- Musician- संगीतकार (Sang-git-kaar)
- News reader- समाचार पाठक (Sa-maa-char paa-tak)
- Newspaper vendor- अखबार विक्रेता (A-kha-baar bi-kre-taa)
- Novelist- उपन्यासकार (U-pan-yaa-sa-kaar)
- Painter- चित्रकार (Chit-ra-kar)
- Photographer- फोटोग्राफर (Pho-to-gra-phar)
- Plumber- प्लम्बर (Plum-ber)
- Poet- कवि (Ka-bi)
- Policeman- पुलिसवाला (Pu-lis-waa-laa)
- Policewoman- पुलिस महिला (Pu-lis ma-hi-laa)
- Politician- राजनीतिज्ञ (Raj-ni-tigya)

## VOCABULARY AND EXTRAS

- Postman- हुलाकी (Hu-laa-ki)
- Potter- कुमाले (Ku-maa-lay)
- Priest- पुजारी (Pu-jaa-ri)
- Publisher- प्रकाशक (Pra-kaa-sak)
- Real estate agent- घर जग्गा एजेन्ट (Ghar jag-gaa ejent)
- Receptionist- रिसेप्शनिस्ट (Ri-sep-sa-nist)
- Retailer- खुदरा (Khu-dha-raa)
- Sailor- नाविक (Naa-vik)
- Scientist- वैज्ञानिक (Bai-gya-nik)
- Sculptor- मूर्तिकार (Mur-ti-kaar)
- Secretary- सचिव (Sa-chiv)
- Seedsman- बीउदार (Biu-daar)
- Shoemaker- जुत्ता निर्माता (Jut-taa nir-maa-taa)
- Shop assistant- पसल सहायक (Pa-sal sa-haa-yak)
- Shopkeeper- पसले (Pa-sa-lay)
- Soldier- सिपाही (Si-paa-hi)
- Surgeon- सर्जन (Saar-jan)

## VOCABULARY AND EXTRAS

- Sweeper- सफा गर्ने (Sa-pha gar-ne)
- Tailor- टेलर (Te-lar)
- Teacher- शिक्षक (Sik-chak)
- Traffic warden- ट्राफिक वार्डन (Tra-phik war-dan)
- Translator- अनुवादक (Anu-va-dak)
- Travel agent- यात्रा एजेन्ट (Ya-tra ejent)
- Treasurer- कोषाध्यक्ष (Ko-saa-dhyak-chya)
- Veterinary doctor- पशु चिकित्सक (Pa-su chi-kit-sak)
- Waiter- वेटर (Wai-ter)
- Washerman- धोबी (Dho-bi)
- Washerwoman- धोबी महिला (Dho-bi ma-hi-laa)
- Watchman- पहरेदार (Pa-ha-ray-daar)
- Weaver- बुनकर (Buun-kar)
- Workers- कामदार (Kaam-daar)
- Writer- लेखक (Le-khak)

# VOCABULARY AND EXTRAS

## _Food Related Names- खाना सम्बन्धित नामहरु (Kha-naa sam-ban-dit naam-haru)_

- Alcohol- रक्सी (Rak-si)
- Barbecue- सेकुवा (Se-ku-wa)
- Barley- जौ (Jau)
- Beans- सिमी (Si-mi)
- Beaten rice- चिउरा (Chew-raa)
- Beef Meat- गाईको मासु (Gai-ko maa-su)
- Boil- उमाल्ने (U-maal-nay)
- Bowl- कचौरा/ बटुको (Ka-chau-raa/ Ba-tu-ko)
- Bread- पाउ रोटी (Pau Ro-ti)
- Buff Meat- रांगाको मासु (Raa-gaa-ko maa-su)
- Chicken Meat- कुखुराको मासु (Kukh-raa-ko maa-su)
- Chilli- खुर्सानी (Khur-saa-ni)
- Curd- दही (Da-hi)
- Delicious- मिठो (Mi-tho)
- Dumplings- मो:मो (Mo-Mo)
- Eggs- अण्डा (An-daa)

## VOCABULARY AND EXTRAS

- Fish- माछा (Maa-chhaa)
- Flour- पीठो/आटा (Pe-tho/ aa-taa)
- Food- खाना (Kha-naa)
- Fruits- फलफुल (Fal-ful)
- Garlic- लसुन (La-sun)
- Ghee- घिउ (Gheu)
- Ginger- अदुवा (A-dhu-waa)
- Grain- अन्न (An-na)
- Greasy- चिल्लो (Chil-low)
- Gruel- खोले (Kho-lay)
- Honey- मह (Ma-ha)
- Hot/Cold- तातो / चिसो (Taa-toh/ Chi-so)
- Ice-cream- कुल्फी (Kul-fi)
- Lamb meat- भेडाको मासु (Bhe-daa-ko maa-su)
- Lentil- दाल (Daal)
- Maize- मकै (Ma-kai)
- Meat- मासु (Maa-su)
- Milk- दूध (Dudh)

## VOCABULARY AND EXTRAS

- Millet- कोदो (Ko-dho)
- Mutton- खसीको मासु (Kha-si-ko maa-su)
- Non vegetarian- मांसाहारी (Mang-saa-haa-ri)
- Noodles- चाउचाउ (Chau-chau)
- Nutritious food- पौष्टिक खाना (Pau-stik khaa-naa)
- Oil- तेल (Theyl)
- Onions- प्याज (Pyaaj)
- Paddy- धान (Dhan)
- Pea- केराउ (Ke-rau)
- Plate- प्लेट /थाल (Plet /Thaal)
- Pork meat- सुँगुरको मासु (Sung-gur-ko maa-su)
- Puffed Rice- भुजा (Bhu-jaa)
- Rice- भात/ चामल/ धान (Bhaat/ Chaa-mal/ Dhan)
- Stale- बासी (Baa-si)
- Tea- चिया (Chi-ya/ chya)
- Vegetables/curry- तरकारी (Tar-kaa-ri)
- Vegeterian- शाकाहारी (Saa-kaa-haa-ri)
- Water- पानी (Paa-ni)

## VOCABULARY AND EXTRAS

- Wheat- गहुँ (Ga-hu)
- Whey- मही (Mo-hi)
- Whisk- फिट्नु (Fhit-nu)
- Wine- रक्सी (Rak-si)

## *Taste- स्वाद (Swad)*

- Sweet- गुलियो (Gu-li-yo)
- Sour- अमिलो (A-mi-lo)
- Spicy- पिरो (Pi-ro)
- Bitter- तीतो (Thi-tho)
- Salty- नूनिलो (Nu-ni-lo)
- Bland- खल्लो (Khal-lo)

## *Household Useful Terms- घरायसी उपयोगी शब्दहरु (Gha-raa-ye-si upa-yo-gi sab-da-ha-ru)*

- Apartment- अपार्टमेन्ट (A-part-ment)
- Attic- अटारी (A-taa-ri)
- Bag- झोला (Jho-laa)

## VOCABULARY AND EXTRAS

- Basement- भुइतला (Bhui-ta-laa)
- Basket- टोकरी (To-ka-ri)
- Bath tub- नुहाउने टब (Nu-hau-nay tub)
- Bathroom- बाथरूम (Bath-room)
- Bed sheet- तन्ना (Tan-naa)
- Bed- ओछ्यान (O-chyan)
- Bedroom- सुत्नेकोठा (Sut-nay-ko-tha)
- Blanket- कम्बल/सिरक (Kam-bal/Sirak)
- Book- पुस्तक (Pus-tak)
- Bottle opener- बोतल खोल्ने (Bo-tal khol-nay)
- Bottle- बोतल (Bo-tal)
- Bowl- कचौरा (Ka-chau-raa)
- Box- बक्स (Box)
- Brick- ईंट (It-ta)
- Broom- कुचो/झाड़ू (Ku-cho/ Jhaa-du)
- Brush- कुची (Ku-chi)
- Bucket- बाल्टिन (Baal-tin)
- Button- टांक (Taa-ka)

## VOCABULARY AND EXTRAS

- Camera- क्यामेरा (Kya-may-raa)
- Candle- मैनबत्ती (Mai-in-bat-ti)
- Carpet- कार्पेट (Car-pet)
- Casket- कफन (Ka-phan)
- Ceiling- छत (Chhath)
- Chair- कुर्सी (Kur-si)
- Chop- काट्नु (Kaat-nu)
- Cleanser- सफा गर्ने (Sa-pha gar-nay)
- Clothes- लुगा (Lu-gaa)
- Coffee maker- कफी बनाउने मसिन (Ka-phi ba-nau-nay ma-sin)
- Colors- रंगहरू (Rang-ha-ru)
- Computer- कम्प्युटर (Kam-pyu-tar)
- Containers- कन्टेनर (Con-tay-nar)
- Cup- कप (Cup)
- Cutlery- कटलरी (Cut-la-ri)
- Cutting board- काट्ने बोर्ड (Kaat-nay bord)

## VOCABULARY AND EXTRAS

- Dish soap- भाँडा धुने साबुन (Bha-daa dhu-nay saa-boon)
- Dish towel- भाँडा तौलिया (Bha-daa tau-li-yaa)
- Dish- भाँडा (Bha-daa)
- Dough- आटा (Aa-taa)
- Dryer- ड्रायर (Dra-yar)
- Eraser-इरेजर (Ire-jar)
- Fan- फ्यान (Fan)
- Freezer- फ्रीजर (Free-zer)
- Frying pan- कढाई (Ka-dai)
- Garbage-फोहोर (Pho-hor)
- Garment- कपडा (Ka-pa-da)
- Glass- गिलास (Gi-laas)
- Grinder- चक्की (Chak-ki)

- Hair Dryer- कपाल ड्रायर (Ka-paal dra-yar)
- Hammer- हतौडा (Ha-thau-daa)
- Heater- हीटर (Hi-tar)
- Honey pot- मह भाडा (Ma-huh bha-daa)

## VOCABULARY AND EXTRAS

- Hook- हुक (Huk)
- Hose- नली (Na-li)
- Hot Plate- तातो प्लेट (Taa-to plate)
- Iron- फलाम (Pha-laam)
- Kettle-केतली (Ke-ta-li)
- Key- सांचो/ चाबी (Saa-cho/ chaa-bi)
- Kitchen- भान्सा (Bhan-saa)
- Knife- चक्कु (Chak-ku)
- Lamp- बत्ती (Bat-ti)
- Lid- ढक्कन (Dhak-kan)
- Lock- लक (Taa-laa)
- Magnets- चुम्बक (Chum-bak)
- Measuring cup- नाप्ने कप (Naap-nay cup)
- Mug- मग (Mug)
- Napkin- रुमाल (Ru-maal)
- Opener- ओपनर (O-pa-nar)
- Oven- ओभन (Obhan)
- Pen- कलम (Ka-lam)

## VOCABULARY AND EXTRAS

- Plastic bags- प्लास्टिक झोलाहरु (Plas-tik jho-laa-ha-ru)
- Plate- प्लेट (Plate)
- Pot- भाँडो (bhaa-do)
- Pressure cooker- प्रेसर कुकर (Pre-sar ku-kar)
- Radio- रेडियो (Ray-di-yo)
- Raincoat- रेनकोट (Rain-coat)
- Sauce- चटनी (Chat-ni)
- Screw Driver- पेचकस (Pache-kas)
- Shelves- तखताहरु (Ta-kha-taa-ha-ru)
- Sink- हात धुने ठाउ (Hath dhu-nay thau)
- Soap- साबुन (Saa-boon)
- Spices- मसला (Ma-sa-laa)
- Spoon/Fork- चम्चा/ काँटा (Cham-chaa/ Kaa-taa)
- Stove- स्टोभ (Stove)
- Table- टेवल (Tay-bal)
- Tablecloth- टेबलक्लोथ (Tay-bal-cloth)
- Thermometer- थर्मामीटर (Thar-ma-mi-tar)

## VOCABULARY AND EXTRAS

- Tin- टिन (Tin)
- Toaster- टोस्टर (Tos-tar)
- Tongs- चिमटा (Chim-taa)
- Towel- तौलिया (Tau-li-ya)
- Trash bag- फोहोर झोला (Pho-hor jho-laa)
- Tray- ट्रे (Tray)
- Tumbler- टम्बलर (Tumb-lar)
- Umbrella- छाता (chhaa-taa)
- Uniform- यूनिफर्म (Uni-form)
- Utensil- भाँडा (Bha-daa)
- Utensils- भाडाहरू (Bhaa-daa-ha-ru)
- Waste box- फोहोर बक्स (Pho-hor box)
- Watch- घडी (Gha-di)

## *Clothes Names- लुगाहरुको नाम (Lu-gaa-ha-ru-ko naam)*

- Shoes- जुत्ता (Jut-taa)
- Socks- मोजा (Mo-jaa)

## VOCABULARY AND EXTRAS

- Bag- झोला (Jho-laa)
- Pant- प्यान्ट/ सुरुवाल (Pant/ Su-ru-waal)
- Shirt- कमीज (Ka-mij)
- Vest- बनियान (Ban-yan)
- Underwear- कट्टु (Kat-tu)
- Skirt- फरक (Fa-rak)

## *Ornament- गहना (Ga-ha-naa)*

- Bangle- चुरा (Chu-raa)
- Bracelet- कंगन/ बाला (Kung-gun/ Baa-laa)
- Chain- सिक्री (Sik-ri)
- Clip- क्लिप (Clip)
- Crown- श्रीपेच/ मुकुट (Shree-pech/ Mu-koot)
- Diamond- हीरा (Hi-raa)
- Ear ring- झुम्का (Jhum-kaa)
- Emerald- पन्ना (Pan-naa)
- Garnet- गार्नेट (Gar-net)
- Gems- रत्न (Rat-na)

## VOCABULARY AND EXTRAS

- Gold- सुन (Soon)
- Jewellery- गहना (Ga-ha-naa)
- Necklace- हार (Haar)
- Pearl- मोती (Mo-thi)
- Ring- औंठी (Aun-thi)
- Ruby- रुबी (Ru-by)
- Sapphire- नीलमणि (Nil-ma-ni)
- Silver- चाँदी (Chaa-di)
- Topaz - पुखराज (Pu-kha-raj)
- Turquoise- फिरोजा (Fi-ro-jaa)

## *Colors*- रंगहरु *(Rung-ha-ru)*

- Beige- हल्का खैरो रङ्ग (Hal-kaa khai-ro rung)
- Black- कालो (Kaa-lo)
- Blue- निलो (Ni-lo)
- Brown- खैरो (Khai-ro)
- Color- रंग (Rung)
- Colorless- रंग नभएको (Rung na-bha-ye-ko)

## VOCABULARY AND EXTRAS

- Colors- रंगहरु (Rung-ha-ru)
- Dark- गाढा (Gaa-daa)
- Gold- सुनौलो (Su-nau-lo)
- Gray- खरानी (Kha-raa-ni)
- Green- हरियो (Ha-ri-yo)
- Light- हलुका (Ha-lu-kaa)
- Maroon- कलेजी (Ka-le-ji)
- Orange- सुन्तला (Sun-ta-laa)
- Pink- गुलाबी (Gu-laa-bi)
- Purple- प्याजी (Pya-ji)
- Red- रातो (Raa-toh)
- Saffron- केसर (Ke-sir)
- Silver- चाँदी (Chaa-di)
- Vermilion- सिन्दुर (Sin-dur)
- Violet- बैंजनी (Bai-ja-ni)
- White- सेतो (Say-toh)
- Yellow- पहेलो (Pa-he-lo)

# VOCABULARY AND EXTRAS

## *Body Parts*- शरीरका अंगहरु *(Sa-rir-kaa ang-ga-ha-ru)*

- Arm- पाखुरा (Pa-khu-raa)
- Armpit- काखि (Kaa-khi)
- Back- ढार (Dahr/ Dahd)
- Backbone- मेरुदण्ड (May-ru-don-da)
- Beard- दाह्री (Daa-ri)
- Calf- पिँडुलो (Pi-du-lo)
- Cartilage- कुर्कुरे हाड (Kur-ku-ray haad)
- Cheek- गाला (Gaa-laa)
- Chin- चिउंडो (Chew-doe)
- Ear- कान (Kaan)
- Elbow- कुहिनो (Kwi-no)
- Eyebrow- आंखीभौं (Ah-khi-bhouu)
- Eyelash- परेला (Pa-ray-laa)
- Eyes- आँखा (Aa-kha)
- Face- अनुहार (Anu-haar)
- Fingers- औंलाहरू (Au-laa-ha-ru)

## VOCABULARY AND EXTRAS

- Fist- मुट्ठी (Mut-thi)
- Foot/sole- पैताला (Pai-ta-laa)
- Forehead- निधार (Ni-dhaar)
- Gum- गिजा (Ghi-jaa)
- Heart- मुटु (Mu-tu)
- Heel- कुर्कुच्चा (Kur-kuch-chaa)
- Jaw- बड़गारा (Bang-ga-raa)
- Kidney- मृगौला (Mri-gau-laa)
- Knee- घुँडा (Ghu-daa)
- Lap- काख (Kahk)
- Lips- ओठ (Oat)
- Liver- कलेजो (Ka-lay-jo)
- Lungs- फोक्सो (Fok-so)
- Mouth- मुख (Muhk)
- Mustache- जुङ्गा (Jung-gaa)
- Neck- घाँटी (Gha-ti)
- Nose- नाक (Nahk)
- Nostril- नाकको प्वाल (Nahk-ko pu-wall)

## VOCABULARY AND EXTRAS

- Shoulder- काँध (Kahd)
- Skin- छाला (chhaa-laa)
- Stomach- पेट (Pet)
- Teeth- दाँत (Dath)
- Thigh- तिघ्रा (Thig-raa)
- Throat- घाँटी (Gaa-ti)
- Thumb- बूढी औंला (Bu-di au-laa)
- Toe- खुट्टाको औंला (Khut-taa-ko au-laa)
- Tongue- जिब्रो (Jib-ro)
- Waist- कम्मर (Kam-mar)
- Wrist- नाडी (Naa-di)

## *Animals- जनावरहरु (Ja-na-war-ha-ru)*

- Ant- कमिला (Ka-mi-laa)
- Antelope- मृग (Mir-ga)
- Ass- गधा (Ga-dha)
- Bear- भालु (Bha-lu)
- Boar- बँदेल (Ba-del)

## VOCABULARY AND EXTRAS

- Buffalo- भैंसी (Bhai-si)
- Calf- बाछो (Baa-Chho)
- Camel- ऊँट (Uut)
- Cat- बिरालो (Bi-raa-lo)
- Cheetah- चितुवा (Chee-tu-waa)
- Chimpanzee- चिम्पान्जी (Chim-paan-zee)
- Cow- गाई (Gai)
- Crocodile- गोही (Go-hi)
- Crow- काग (Kaag)
- Deep sea creatures- गहिरो समुद्री जीवहरू (Ga-hi-ro sa-mun-dri jiv-ha-ru)
- Dog- कुकुर (Ku-kur)
- Dove- ढुकुर (Dhu-kur)
- Eagle- चील (Chil)
- Elephant- हात्ती (Hath-ti)
- Fish- माछा (Maa-chhaa)
- Fox- स्याल (Syal)
- Frog- भ्यागुता (Bhya-gu-taa)

## VOCABULARY AND EXTRAS

- Goat- बाख्रा (Baa-khraa)
- Hippopotamus- जलगैंडा (Jal-gai-daa)
- Horse- घोडा (Gho-daa)
- Lamb- भेडा (Bhe-daa)
- Leopard- चितुवा (Chi-tu-waa)
- Lion- सिंह (Sing-ha)
- Lizard- छेपारो (Chey-paa-ro)
- Monkey- बाँदर (Baa-dar)
- Mosquito- लामखुट्टे (Lam-khut-te)
- Mule- खच्चर (Kha-cher)
- Owl- उल्लू (Ul-lu)
- Ox- गोरु (Go-ru)
- Panther- कालो चितुवा (Kaa-lo chi-tu-waa)
- Pig- सुँगुर (Soong-gur)
- Porcupine- दुम्सी (Dum-si)
- Rabbit- खरायो (Kha-raa-yo)
- Rat- मुसा (Mu-saa)
- Rhinoceros- गैंडा (Gai-daa)

## VOCABULARY AND EXTRAS

- Shark- शार्क (Shark)
- Sheep- भेडा (Bhe-daa)
- Snake - सर्प (Sir-pah)
- Spider- माकुरा (Maa-ku-raa)
- Tiger- बाघ (Bagh)
- Tortoise- कछुवा (Ka-chhu-waa)
- Wild boar- जंगली सुँगुर (Jung-ga-li soong-gur)
- Wild cat- जंगली बिरालो (Jung-ga-li bi-raa-lo)
- Wild dogs- जंगली कुकुरहरू (Jung-ga-li ku-kur-ha-ru)
- Wild ox- जंगली गोरु (Jung-ga-li go-ru)

## *Days Of The Week-* हप्ताको दिनहरु *(Hap-taa-ko din-ha-ru)*

- Sunday- आइतवार (Aai-ta-bar)
- Monday- सोमवार (Som-bar)
- Tuesday- मंगलबार (Mang-gal-bar)
- Wednesday- बुधवार (Bu-dha-bar)
- Thursday- बिहिवार (Bi-hi-bar)

## VOCABULARY AND EXTRAS

- Friday- शुक्रवार (Suk-ra-bar)
- Saturday- शनिवार (Sa-ni-bar)

## *Months- महिनाहरु (Ma-hi-naa-ha-ru)*

Our Nepali Calendar follows the 12 months from Baisakh to Chait. The number of days in these months can range from 29 to 32. They differ slightly from the Julian Calendar months. We have two English months that fall under a single month.

| Nepali Bikram Sambat Months | 12Julian/Georgian English Months |
|---|---|
| वैशाख (Bai-sakh) | April- May |
| जेठ (Jeth) | May- June |
| असार (A-saar) | June- July |
| श्रावण (Shra-wan) | July- August |
| भदौ (Bha-dau) | August- September |
| असोज (A-soj) | September- October |
| कार्तिक (Kar-tik) | October- November |
| मंसिर (Mang-seer) | November-December |

## VOCABULARY AND EXTRAS

| पुस (Pus) | December- January |
| --- | --- |
| माघ (Magh) | January- February |
| फागुन (Faa-goon) | February- March |
| चैत (Chait) | March- April |

## *Time Related Words- समय सम्बन्धित शब्दहरु (Sa-ma-ye sum-bun-dit sab-da-ha-ru)*

- Second- सेकेन्ड (Say-kend)
- Minute- मिनेट (Mi-net)
- Hour- घण्टा (Ghan-taa)
- Date- मिति (Mi-ti)
- Day- दिन (Din)
- Month- महिना (Ma-hi-naa)
- Year- वर्ष (Ber-sa)
- Time- समय (Sa-ma-ye)
- Morning- बिहान (Bi-haa-na)
- Afternoon- दिउँसो (Diu-so)

## VOCABULARY AND EXTRAS

- Evening- साँझ (Saa-jhaa)
- Night- राति (Raa-ti)
- Midnight- मध्यरात (Madh-ya-rath)
- Dawn- बिहान (Bi-haa-na)
- Dusk- साँझ (Saa-jha)
- Clock- घडी (Gha-di)
- Quarter past- सवा (Sa-waa)
- Quarter to- पाउने (Pau-nay)
- Half-past- साँढे (Saa-day)
- Moment- क्षण (Chhyand)
- Before- पहिले (Pa-hi-lay)
- Now- अहिले (A-hi-lay)
- Always- सधैं (Sa-dhai)
- Later- पछि (Pa-chhi)
- Today- आज (Aa-ja)
- Tomorrow- भोलि (Bho-lee)
- Day after tomorrow- पर्सि (Per-si)
- Yesterday- हिजो (Hi-jo)

## VOCABULARY AND EXTRAS

- This week- यो हप्ता (Yo hap-ta)

- Next week- अर्को हप्ता (Ar-ko hap-ta)

- Last week- गएको हप्ता (Ga-ye-ko hap-ta)

- This Month- यो महिना (Yo ma-hi-naa)
- Next Month- अर्को महिना (Ar-ko ma-hi-naa)
- Last Month- अघिल्लो महिना (A-ghil-lo ma-hi-naa)
- This Year- यो वर्ष (Yo ber-sa)
- Next year- अर्को वर्ष (Ar-ko ber-sa)
- Last year- अघिल्लो वर्ष (A-ghil-lo ber-sa)

## VOCABULARY AND EXTRAS

## _Numbers-_ संख्याहरु _(Sang-kya-ha-ru)_

| English | Nepali | Nepali Pronunciation |
|---|---|---|
| 0 (Zero) | ० (सुन्ना) | Soon-naa |
| 1 (One) | १ (एक) | Ek |
| 2 (Two) | २ (दुई) | Dui |
| 3 (Three) | ३ (तीन) | Tin |
| 4 (Four) | ४ (चार) | Char |
| 5 (Five) | ५ (पाँच) | Pach |
| 6 (Six) | ६ (छ) | Chha |
| 7 (Seven) | ७ (सात) | Sath |
| 8 (Eight) | ८ (आठ) | Ath |
| 9 (Nine) | ९ (नौ) | Nau |
| 10 (Ten) | १० (दस) | Das |
| 11 (Eleven) | ११ (एघार) | E-ghaa-ra |
| 12 (Twelve) | १२ (बाह्र) | Bah-ra |
| 13 (Thirteen) | १३ (तेह्र) | Teh-ra |

## VOCABULARY AND EXTRAS

| | | |
|---|---|---|
| 14 (Fourteen) | १४ (चौध) | Chau-dha |
| 15 (Fifteen) | १५ (पन्ध्र) | Pan-dhra |
| 16 (Sixteen) | १६ (सोह्र) | Soh-ra |
| 17 (Seventeen) | १७ (सत्र) | Sat-ra |
| 18 (Eighteen) | १८ (अठार) | A-thaa-ra |
| 19 (Nineteen) | १९ (उन्नाइस) | Un-nais |
| 20 (Twenty) | २० (बीस) | Bis |
| 21 (Twenty one) | २१ (एक्काइस) | Ek-kais |
| 22 (Twenty two) | २२ (बाइस) | Baa-is |
| 23 (Twenty three) | २३ (तेइस) | Te-is |
| 24 (Twenty four) | २४ (चौबिस) | Chau-bis |
| 25 (Twenty five) | २५ (पच्चिस) | Pa-chis |
| 26 (Twenty six) | २६ (छब्बिस) | Chhab-bis |
| 27 (Twenty seven) | २७ (सत्ताइस) | Sath-tais |
| 28 (Twenty | २८ (अट्ठाइस) | Ath-thais |

## VOCABULARY AND EXTRAS

| | | |
|---|---|---|
| eight) | | |
| 29 (Twenty nine) | २९ (उनन्तिस) | U-nan-tis |
| 30 (Thirty) | ३० (तिस) | Tis |
| 31 (Thirty one) | ३१ (एकतिस) | Ek-tis |
| 32 (Thirty two) | ३२ (बत्तिस) | Ba-tis |
| 33 (Thirty three) | ३३ (तेत्तिस) | Te-tis |
| 34 (Thirty four) | ३४ (चौतिस) | Chau-tis |
| 35 (Thirty five) | ३५ (पैंतिस) | Pai-tis |
| 36 (Thirty six) | ३६ (छत्तिस) | Chha-tis |
| 37 (Thirty seven) | ३७ (सैंतिस) | Sai-tis |
| 38 (Thirty eight) | ३८ (अठतिस) | Ath-tis |
| 39 (Thirty nine) | ३९ (उनन्चालिस) | U-non-chaa-lis |
| 40 (Fourty) | ४० (चालिस) | Chaa-lis |
| 41 (Fourty one) | ४१ (एकचालिस) | Ek-chaa-lis |
| 42 (Fourty two) | ४२ (बयालिस) | Ba-yaa-lis |

## VOCABULARY AND EXTRAS

| | | |
|---|---|---|
| 43 (Fourty three) | ४३ (त्रिचालिस) | Tri-chaa-lis |
| 44 (Fourty four) | ४४ (चवालिस) | Cha-va-lis |
| 45 (Fourty five) | ४५ (पैंतालिस) | Pai-taa-lis |
| 46 (Fourty six) | ४६ (छयालिस) | Chha-yaa-lis |
| 47 (Fourty seven) | ४७ (सतचालिस) | Sath-chaa-lis |
| 48 (Fourty eight) | ४८ (अठचालिस) | Ath-chaa-lis |
| 49 (Fourty nine) | ४९ (उनन्चास) | U-non-chaas |
| 50 (Fifty) | ५० (पचास) | Pa-chaas |
| 51 (Fifty one) | ५१ (एकाउन्न) | Ey-kaun-na |
| 52 (Fifty two) | ५२ (बाउन्न) | Baun-na |
| 53 (Fifty three) | ५३ (त्रिपन्न) | Tri-pan-na |
| 54 (Fifty four) | ५४ (चवन्न) | Cha-van-na |
| 55 (Fifty five) | ५५ (पचपन्न) | Pach-pan-na |
| 56 (Fifty six) | ५६ (छपन्न) | Chha-pan-na |
| 57 (Fifty seven) | ५७ (सन्ताउन्न) | San-taun-na |

## VOCABULARY AND EXTRAS

| | | |
|---|---|---|
| 58 (Fifty eight) | ५८ (अन्ठाउन्न) | An-thaun-na |
| 59 (Fifty nine) | ५९ (उनसट्ठी) | Un-sat-ti |
| 60 (Sixty) | ६० (साठी) | Saa-ti |
| 61 (Sixty one) | ६१ (एकसट्ठी) | Ek-saa-ti |
| 62 (Sixty two) | ६२ (बयसट्ठी) | Ba-ye-saa-ti |
| 63 (Sixty three) | ६३ (त्रिसट्ठी) | Tri-saa-ti |
| 64 (Sixty four) | ६४ (चौसट्ठी) | Chau-saa-ti |
| 65 (Sixty five) | ६५ (पैंसट्ठी) | Pai-saa-ti |
| 66 (Sixty six) | ६६ (छयसट्ठी) | Chhay-saa-ti |
| 67 (Sixty seven) | ६७ (सतसट्ठी) | Sath-saa-ti |
| 68 (Sixty eight) | ६८ (अठसट्ठी) | Ath-saa-ti |
| 69 (Sixty nine) | ६९ (उनन्सत्तरी) | U-non-sat-ta-ri |
| 70 (Seventy) | ७० (सत्तरी) | Sat-ta-ri |
| 71 (Seventy one) | ७१ (एकहत्तर) | Ek-hath-tar |
| 72 (Seventy two) | ७२ (बहत्तर) | Ba-hath-tar |
| 73 (Seventy | ७३ (त्रिहत्तर) | Tri-hath-tar |

## VOCABULARY AND EXTRAS

| | | |
|---|---|---|
| three) | | |
| 74 (Seventy four) | ७४ (चौहत्तर) | Chau-hath-tar |
| 75 (Seventy five) | ७५ (पचहत्तर) | Pach-hath-tar |
| 76 (Seventy six) | ७६ (छयहत्तर) | Chya-hath-tar |
| 77 (Seventy seven) | ७७ (सतहत्तर) | Sa-ta-hath-tar |
| 78 (Seventy eight) | ७८ (अठहत्तर) | Ath-hath-tar |
| 79 (Seventy nine) | ७९ (उनासी) | U-naa-si |
| 80 (Eighty) | ८० (अस्सी) | Ah-si |
| 81 (Eighty one) | ८१ (एकासी) | Ey-kaa-si |
| 82 (Eighty two) | ८२ (बयासी) | Ba-yaa-si |
| 83 (Eighty three) | ८३ (त्रियासी) | Tri-yaa-si |
| 84 (Eighty four) | ८४ (चौरासी) | Chau-raa-si |
| 85 (Eighty five) | ८५ (पचासी) | Pa-chaa-si |
| 86 (Eighty six) | ८६ (छयासी) | Chha-yaa-si |

## VOCABULARY AND EXTRAS

| | | |
|---|---|---|
| 87 (Eighty seven) | ८७ (सतासी) | Sa-taa-si |
| 88 (Eighty eight) | ८८ (अठासी) | Ah-thaa-si |
| 89 (Eighty nine) | ८९ (उनान्नब्बे) | U-naan-nab-bay |
| 90 (Ninety) | ९० (नब्बे) | Nab-bay |
| 91 (Ninety one) | ९१ (एकानब्बे) | Ey-ka-nab-bay |
| 92 (Ninety two) | ९२ (बयानब्बे) | Ba-yaa-nab-bay |
| 93 (Ninety three) | ९३ (त्रियानब्बे) | Tri-yaa-nab-bay |
| 94 (Ninety four) | ९४ (चौरानब्बे) | Chau-raa-nab-bay |
| 95 (Ninety five) | ९५ (पन्चानब्बे) | Pon-cha-nab-bay |
| 96 (Ninety six) | ९६ (छयानब्बे) | Chha-ya-nab-bay |
| 97 (Ninety seven) | ९७ (सन्तानब्बे) | San-taa-nab-bay |
| 98 (Ninety eight) | ९८ (अन्ठानब्बे) | Un-thaa-nab-bay |
| 99 (Ninety nine) | ९९ (उनान्सय) | U-nan-sa-ye |

## VOCABULARY AND EXTRAS

| 100 (Hundred) | १०० (सय) | Sa-ye |
|---|---|---|
| 1000 (Thousand) | १,००० (हजार) | Ha-jaar |
| 10,000 (Ten thousand) | १०,००० (दस हजार) | Das-ha-jaar |
| 100,000 (One hundred thousand) | १,००,००० (लाख) | Lahk |
| 1,000,000 (One million) | १०,००,००० (दस लाख) | Das-lahk |
| 10,000,000 (Ten million) | १,००,००,००० (करोड) | Ka-road |
| 100,000,000 (One hundred million) | १०,००,००,००० (दस करोड) | Das-ka-road |

## *Other Number-Related Terms-*

- First- पहिलो (Pa-hi-lo)
- Second- दोस्रो (Dos-ro)
- Third- तेस्रो (Tes-ro)
- Fourth- चौथो (Chau-tho)

## VOCABULARY AND EXTRAS

- Fifth- पाँचौं (Paa-chau)
- Sixth- छैटौं (Chhai-thau)
- Seventh- सातौं (Saa-thau)
- Eighth- आठौं (Aa-thau)
- Ninth- नवौं (Na-vau)
- Tenth- दसौं (Da-sau)

## *Extras*

- Achieve- हासिल गर्नु (Haa-sil gar-nu)
- Win- जीत (Jit)
- Win over- जित्नु (Jit-nu)
- Lose- हार्नु (Haar-nu)
- Fail- असफल (Ah-sa-fal)
- Bright- उज्यालो (U-jya-lo)
- Dark- अँध्यारो (Ah-dya-ro)
- Clever- चलाख (Cha-lahk)
- Stupid- मूर्ख (Mur-kha)
- Dry- सुक्खा (Suhk-khaa)

## VOCABULARY AND EXTRAS

- Wet- भिजेको (Bhi-je-ko)
- Done- सकियो (Sa-ki-yo)
- Undone- सके छैन /गरेको छैन (Sa-kay Chhai-na / Ga-re-ko Chhai-na)
- Fast- छिटो (Chhi-toe)
- Slow- ढिलो (Dhi-lo)
- Steady- स्थिर (Sthir)
- Dear- प्रिय (Pri-ya)
- Friend- साथी (Saa-thi)
- Boyfriend- प्रेमी (Pre-mi)
- Girlfriend- प्रेमिका (Pre-mi-kaa)
- Couple- जोडी (Jo-di)
- Relationship- सम्बन्ध (Sum-bun-da)
- Marry- बिहे (Bi-hey)
- Marriage- विवाह (Bi-va-ha)
- Family- परिवार (Pa-ri-war)
- Divorce- छोडपत्र (Chhod-pat-ra)
- Good morning- शुभ प्रभात (Su-bha pra-bhat)

## VOCABULARY AND EXTRAS

- Good afternoon- शुभ दिउँसो (Su-bha deu-so)
- Good evening- शुभ सन्ध्या (Su-bha san-dhya)
- Good night- शुभ रात्री (Su-bha raat-ri)
- Laugh- हांस्नु (Haas-nu)
- Laughter- हाँसो (Haa-so)
- Happy- खुसी (Khu-si)
- Sad- दुखी /उदास (Dhu-ki, U-das)
- Work- काम (Kaam)
- Holiday- छुट्टी (chhut-ti)
- Hungry- भोक (bhok)
- Thirsty- तिर्खा लागेको (Tir-kha laa-ge-ko)
- I have- म सँग छ (Ma sang-ga chha)
- I don't have- म सँग छैन (Ma sang-ga chhai-na)
- Possible- सम्भव (Sum-bhav)
- Impossible- असम्भव (Ah-sum-bhav)
- Intention- इरादा (E-raa-daa)
- Intentional- जानीजानी (Jaa-ni-jaa-ni)

## VOCABULARY AND EXTRAS

- Unintentional- नजानी /अन्जानमा (Na-jaa-ni / An-jaan-maa)
- Big- ठूलो (Thu-lo)
- Small- सानो (Saa-no)
- Medium- मध्यम (Ma-dhyam)
- Large- ठूलो (Thu-lo)
- Lend- सापट दिनु (Saa-pat di-nu)
- Borrow- सापट् लिनु (Saa-pat li-nu)
- New- नयाँ (Na-yaa)
- Old- पुरानो (Pu-raa-no)
- Correct- सही (Sa-hi)
- Not correct- सही होइन (Sa-hi hoi-na)
- Ok- ल ल /हुन्छ (La-la /Hun-chha)
- Not okay- ठिक छैन (Thik chhai-na)
- Pleasure- आनन्द (Aa-non-da)
- Pain- दुखाइ (Dhu-khai)
- Gain- नाफा (Naa-faa)
- Loss- घाटा (Ghaa-taa)

## VOCABULARY AND EXTRAS

- Calm /Still- शान्त (Saan-ta)
- Panic- अत्यास (Ah-tyas)
- Give- दिनु (Di-nu)
- Take- लिनु (Li-nu)
- Bring- ल्याउनुहोस् (Lyau-nu-hos)
- Leave- छोड (Chho-da)
- Humble- नम्र (Num-ra)
- Pride- गर्व (Gar-va)
- Yes- अ /हो (Ah /Ho)
- No- अहँ /होइन (Ah-huh /Hoi-na)
- Any- कुनै पनि (Ku-nai pa-ni)
- Another- अर्को (Ar-ko)
- Many- धेरै (Dhe-rai)
- Most- धेरैजसो (Dhe-rai ja-so)
- Little /Few थोरै (Tho-rai)
- Hello- नमस्ते (Na-mas-te)
- How's your well being?- तिम्रो हालखबर के छ? (Tim-ro haal-kha-ber ke chha?)

## VOCABULARY AND EXTRAS

- Bye- बिदाई (Bi-dai /bye-bye)
- Welcome- स्वागत छ (Swa-gat chha)
- You're welcome- तपाईलाई स्वागत छ (Ta-pai-lai swa-gat chha)
- I'm going- म जाँदै छु (Ma jaa-dai chhu /Ma ga-ye)
- I'm staying- म बस्दै छु (Ma bas-dai chhu)
- All- सबै (Sa-bai)
- Nothing- केही होइन (Ke-hi hoi-na)
- Ate- खाए (Kha-ye)
- Not ate- खाएको छैन (Kha-ye-ko chhai-na)
- Man- पुरुष /मान्छे (Pu-rus / Maan-chey)
- Woman- महिला /स्त्री (Ma-hi-laa/ Stri)
- Name- नाम (Naam)
- Address- ठेगाना (Tae-gaa-naa)
- Age- उमेर (U-mare)
- Date of birth- जन्म मिति (Jon-ma mi-ti)
- Simple- सजिलो (Sa-ji-lo)
- Difficult- गाह्रो /कठिन (Gaa-ro / Ka-tin)

## VOCABULARY AND EXTRAS

- Believe me- मलाई विश्वास गर (Ma-lai Bis-wash ga-ra)
- Cave- गुफा (Gu-faa)
- Ceremony- समारोह (Sa-maa-ro-ha)
- Curtain- पर्दा (Par-daa)
- Desire- इच्छा (Ich-chhaa)
- Door- ढोका (Doh-kaa)
- Eat- खानु (Khaa-nu)
- Exam- परीक्षा (Pa-rik-chya)
- Excuse me- सुन्नुस त (Soon-nus ta) (If you want someone's attention)
- Gift- उपहार (U-pa-haar)
- Help- मद्दत (Ma-dat)
- Iron- इस्त्री (Is-tri) (It's used for cloth iron)
- Kidnap- अपहरण (A-pa-ha-run)
- Kidnapper- अपहरणकर्ता (A-pa-ha-run-kar-taa)
- Knowledge- ज्ञान (Gyan)
- Listen- सुन्नु (Soon-nu)

## VOCABULARY AND EXTRAS

- Maybe- शायद /हुनसक्छ (Saa-yad, Hu-na sak-chha)
- Money- पैसा (Pai-saa)
- Mysterious- रहस्यमय (Ra-has-ya-ma-ya)
- Mystery- रहस्य (Ra-has-ya)
- Pardon?- हजुर? (Ha-jur?)
- Pinch- चिमोट्नु (Chi-mot-nu)
- Please- कृपया (Kri-pa-ya)
- Rain- वर्षा (Ber-saa)
- Read- पढ्नु (Pod-nu)
- Scary- डरलाग्दो (Dar-laag-do)
- Scene- दृश्य (Dri-sya)
- Secret- गोप्य कुरा (Gop-ya ku-raa)
- Skill- कौशल (Kau-sal)
- Smile- मुस्कान (Mus-kaan)
- Snore- घुर्ने (Ghur-ne)
- Speech- भाषण (Baah-sun)
- Spooky- डरलाग्दो (Dar-laag-do)
- Steal- चोर्नु (Chor-nu)

## VOCABULARY AND EXTRAS

- Study- अध्ययन (Ah-dhyan)
- Thank you!- धन्यवाद! (Dhan-ya-badh!)
- Try- कोशिश /प्रयास (Ko-shish /Pra-yas)
- Voice- आवाज /स्वर (Aa-waz / Sor)
- Window- झ्याल (Jhyaal)
- Write- लेख्नु (Lehk-nu)
- See you later- पछि भेटौंला (Pa-Chhi bhe-tau-laa)
- See you soon- चाँडै भेटौला (Chaa-dai bhe-tau-laa)

## *List Of Pronouns*

- I- म (Ma)
- My/Mine- मेरो (Me-ro)
- You (Low Respect)- तँ (Tah)
- You (Medium Respect)- तिमी (Ti-mi) (For people who is your age or younger than you)
- You (High Respect)- तपाई (Ta-pai) (For people older than you)
- Your (Low Respect)- तेरो (Te-ro)

## VOCABULARY AND EXTRAS

- Your (Medium Respect)- तिम्रो (Tim-ro) (For people who is your age or younger than you)
- Your (High Respect)- तपाईको (Ta-pai-ko) (For people older than you)
- We- हामी (Haa-mi)
- Ours- हाम्रो (Ham-ro)
- He /She (Neutral Respect)- ऊ (U)
- He- उहाँ (U-haa)
- She- उनी (U-ni)
- Him- उसलाई/ उहाँलाई (Us-lai/ U-haa-lai)
- Her- उनलाई (Un-lai)
- His /Her (Neutral Respect)- उसको (Us-ko) (Pronoun that refers to itself.)
- His /Her (Medium Respect)- उनको (Un-ko) (Pronoun that refers to itself.)
- His /Her (High Respect)- उहाँको (U-haa-ko) (Pronoun that refers to itself.)
- This /It- यो (Yo)
- That /It- त्यो (Tyo)

# VOCABULARY AND EXTRAS

- These- यी (Yi)
- Those- ती (Ti)
- They- तिनीहरू (Ti-ni-ha-ru)
- Us- हामीलाई (Haa-mi-lai)
- Them- उनीहरु (U-ni-ha-ru)
- Such- यस्तो (Yes-tho)
- Who- को (Ko)
- What- के (Ke)
- Which- कुन (Kun) (Inquiring about one or more specific people or things.)
- Which- जुन (Jun) (Refers to something previously mentioned when introducing a clause providing further information.)
- Whose- कसको (Kas-ko) (Associated with or belonging to which individual.)
- Whose- जसको (Jas-ko) (Used in connection with the previous clause to indicate that the following noun belongs to that person or thing)
- Each- प्रत्येक (Pra-tyek)

## VOCABULARY AND EXTRAS

- Both- दुबै (Du-bai)
- All- सबै (Sa-bai)
- Any- कुनै पनि (Ku-nai pa-ni)
- Few- थोरै (Tho-rai)
- Many- धेरै (Dhe-rai)
- Most- धेरैजसो (Dhe-rai-ja-so)
- Another- अर्को (Ar-ko)
- Others- अरू (Aru)
- Several- धेरै (Dhe-rai)
- Some- केही (Ke-hi)
- Anybody- कोही पनि (Ko-hi pa-ni)
- Anything- केहि पनि (Ke-hi pa-ni)
- Everybody- सबैजना (Sa-bai-ja-naa)
- Everything- सबै कुरा (Sa-bai ku-raa)
- Somebody- कोही (Ko-hi)
- Something- केहि (Ke-hi)
- Nobody- कोही पनि (Ko-hi pa-ni)
- Nothing- केहि छैन (Ke-hi chhai-na)

## VOCABULARY AND EXTRAS

- Myself- आफैँलाई (Aa-phai-lai)
- Yourself- आफैँलाई (Aa-phai-lai)
- Herself- उनी आफैँलाई (U-ni aa-phai-lai)
- Himself- ऊ आफैँलाई (U aa-phai-lai)
- Itself- आफैँ (Aa-phai)
- Oneself- आफू (Aa-phu) / आफैँ (aa-phai)
- Ourselves- हामी आफैँलाई (Haa-mi aa-phai-lai)
- Yourselves- आफैँलाई (Aa-phai-lai)
- Themselves- उनीहरु आफैँलाई (U-ni-ha-ru aa-phai-lai)

## VOCABULARY AND EXTRAS

## *Pronouns that you can make plurals using हरू (ha-ru)*

- You (Medium Respect)- तिमीहरू (Ti-mi-ha-ru) (For people who is your age or younger than you)
- You (High Respect)- तपाईहरू (Ta-pai-ha-ru) (For people older than you)
- We- हामीहरू (Haa-mi-ha-ru)
- They- तिनीहरू (Ti-ni-ha-ru)
- He- उहाँहरू (U-haa-ha-ru)
- She- उनीहरू (U-ni-ha-ru)

# Conclusion

I hope you have enjoyed this book and that it will help you on your journey to Nepali fluency.

If you did enjoy it and feel that it will be helpful to others, please take the time to write a review by scanning the QR code below. I'd really appreciate it.

# References

- *Nepali alphabet*. (n.d.). https://nepalilanguage.org/alphabet/#:~:text=The%20following%2010%20dependent%20vowel,%2F%20%3D%20%E0%A4%95%E0%A5%8B%20%2Fko%2F.

- Learn Nepali with Barsha. (2020, July 22). *#1 Learn Nepali for Beginners | Nepali Vowels* [Video]. YouTube. https://www.youtube.com/watch?v=t_Rcg9uHa5A

- Learn Nepali with Barsha. (2020b, July 25). *#2 Learn Nepali for Beginners | Nepali Consonants* [Video]. YouTube. https://www.youtube.com/watch?v=9_E116ihtgk

## REFERENCES

- Nafeez, N. (2022, November 15). Tell The Time In Nepali: 11+ Easy & Helpful Phrases - Ling App. *Ling-App.Com*. https://ling-app.com/ne/tell-the-time-in-nepali/

- *92 Useful Nepali Phrases & Sentences to Start Speaking Nepali Quickly Like a Local. - Everyday Nepali Phrases, Everyday Nepalese Phrases, Useful Nepali Phrases, Useful Nepalese Phrases, Nepali Phrases from Travellers, Nepalese Phrases from Travellers, Nepali Phrases, Nepalese Phrases, Learn Nepali, Greetings and Pleasantries in Nepali, Time and Day in Nepali, Numbers in Nepali, Months in Nepali, Pronouns in Nepali, and Many More.* (n.d.). https://www.easynepalityping.com/useful-nepali-phrases

- The Best Preparation. (2022, February 4). *Commands and Request in English in Nepali | COMMAND and REQUEST in English. Learn English in Nepali* [Video]. YouTube. https://www.youtube.com/watch?v=JJw0TkQkFI4

- *Learn basic nepali phrases - trek2himalayas.com*. (n.d.). trek2himalayas.com. http://www.trek2himalayas.com/information/learn-basic-nepali-phrases/

- *English phrases to use at the doctors*. (n.d.). https://www.speaklanguages.com/english/phrases/at-the-doctors

**REFERENCES**

- Learn Nepali with Barsha. (2021, April 2). *Nepali Basic 50 sentences you must know!!* [Video]. YouTube. https://www.youtube.com/watch?v=KXey-lL-gJA

- Entry, L. (2022). Family Relationship names in Nepali & English. *Learn Entry*. https://www.learnentry.com/english-nepali/vocabulary/relationship-in-nepali/

- Khan, A. (2022b, November 16). 200+ Animal Names In Nepali: The Best Guide - Ling App. *Ling-App.Com*. https://ling-app.com/ne/animal-names-in-nepali/

- *Numbers in Nepali (नेपाली गणना)*. (n.d.-b). https://omniglot.com/language/numbers/nepali.htm

- Khan, A. (2022c, November 16). Nepali Date And Time: Learn About The Nepali Calendar - Ling App. *Ling-App.Com*. https://ling-app.com/ne/nepali-date-and-time/

www.ingramcontent.com/pod-product-compliance
Lightning Source LLC
Chambersburg PA
CBHW071224080526
44587CB00013BA/1495